春馬さんがじっと見上げた、
大和カルバリーチャペルの
礼拝堂の十字架

「罪と罰」の舞台パンフレットと
聖書『ヨハネによる福音書』

一粒の麦が地に落ちて死ななければ、
それはただ一粒のままである。
しかし、もし死んだなら、
豊かに実を結ぶようになる。

新約聖書　ヨハネによる福音書　12章24節

永遠と復活

大川従道

GENTOSHA

はじめに

生きていくことは、なんと大変なことでしょう……。
人生には幸せよりも、苦難の方が多いかもしれません。
問題を抱えていない人など、一人もいないでしょう。

それでも、人は生きていかねばなりません。
なぜなら、命は〝与えられたもの〟だからです。
それは自分の力や努力で得たものではないからです。
自分で好きにできる、自分の所有物ではないのです。

でも、どんなに苦しくても
どれほど大変でも
全てのマイナスはプラスに変わる

私は、そう信じています。

2020年の初めから私たちを苦しめているコロナ禍は、
年の瀬に向けてまだ猛威を振るっています。
感染拡大も心配ですが、経済・雇用が大打撃を受け、
人々の生活や心まで苦しめています。
報道でも、10月の自殺者は昨年同月に比べ4割増とのこと。
悲しい現実ですが、
人生に悩み絶望する人が、これからも増えていくのではないでしょうか？

生きるとは、苦しいこと辛いことの連続です。

耐えきれず死にたいと思ってしまう人を、いったい誰が責められるでしょうか？
その方たちの心に寄り添い

せめて一言でも話を聞いてあげられたら……
私が牧師という仕事を通じてできることだと、今強く思っています。

最近、私はとても悲しい、ひとつの別れを経験しました。

でも、その別れを通して、その人は大きなものを
私に残してくれました。

どんな別れも
最後にはプラスに変わる。

そう信じて
この本を、三浦春馬さんの魂に捧げます。

三浦春馬さん
あなたとお会いしてまもなく2年になろうとしています。
そして、あの突然の別れから、4ヶ月が過ぎました。
あれから毎日、あなたとの時間を思い出しています。

一期一会という言葉を、人生でこれほど実感したことはありません。
たったひとつの出会いを
これほど感謝したことはありません。

私の人生の中で
やり残していることを気づかせてくださり
そして、それをやり遂げる勇気をくださり
心から感謝します。

ありがとう。

あなたに会えなくなった悲しみの中で
今、多くの人が思っていることでしょう。
あなたはどこに行ってしまったのか……。

亡くなった魂はどこへ行くのでしょうか。
私はもう一度真剣に考えたいと思います。

この思いこそ、あなたとの出会いの中で私が得たものであり
あなたに捧げることのできる、私の感謝の祈りです。

そしてそれこそが
自死した人は地獄へ行くのだと言い続けて

日本人をイエス・キリストから遠ざけてしまった
キリスト教会の、そしてその中に半世紀以上身を置いてきた、
私自身の悔い改めだと信じて……。

あなたの命が一粒の麦のように
たくさんの命を生かすことができますように。

2020年11月

永遠と復活　目次

第2章
聖書が説く「罪と罰」

第3章 「よみ」とはどんな所ですか？　091

第4章 永遠の命、そして復活 119

最終章

幸せそうな人と幸せな人 本当の幸せを 151

第1章

人生を変えた
出会い

出会いと別れ

私は牧師です。

今年で78歳になりました。

思い起こせば65年前、13歳の時、自らの決心で洗礼を受けました（洗礼とは簡単に言えば、イエス・キリストが私の罪を全て背負い、私の代わりに死んでくださり、イエスの血を持って私の罪が赦《ゆる》されたこと、そして、死者の中からよみがえり、今も生きておられることを信じ、その信仰に生きることを宣言するための儀式です）。

それ以来、ひたすらイエス・キリストを求め、その愛に導かれてきました。28歳で、現在牧会《ぼっかい》を行っている神奈川県大和市にある大和カルバリーチャペルの主任牧師となって、今年でちょうど50年になりました。そして気がつけば今日、この教会は２５００人以上の信徒が集う、日本で一番と言われるほど大きく祝福されたプロテスタント教会に成長しました。

過去半世紀、この教会で、実に多くの方々との出会いを与えられ、その方々に洗礼を授けさせていただき、また多くの信徒の方を天に送ってきました。

そんな私が今こうして、自分の牧師人生をかけてこの本を残すために原稿を書いているのは、一人の青年との出会いがあったからです。

出会いから約1年半が過ぎた頃、なぜか私は教会の信徒の皆さんと心をひとつに、三浦春馬さんのお名前を呼びながら、礼拝の中で彼のことをお祈りし始めました。

何かを神様に示されたのかもしれません。

そしてそのわずか後に三浦春馬さんは突然、自死するという形で、この世から去っていったのです。

教会という場所に来たのに……。
彼の人生で、おそらく、唯一出会った牧師として、私は彼を救えなかった……。
なぜもっと、積極的にお便りしたり、交流を持とうとしたりしなかったのか……。

彼の死後、三浦春馬さんという方が素晴らしい才能の持ち主であること、真摯《しんし》なお仕事ぶりと役柄への深い探究心で、日本のみならず韓国、中国、台湾など、海外でも何百万人というファンを持つ、将来を大変嘱望された、若手俳優の中でもまさにトップを走っている方だったと知りました。

そして、それだけに、彼が突然あのような形でこの世を去ったことに対して、世界中のファンがその死を受け入れられず、また再会を切望している様子を目の当たりにすることとなりました。

彼とのたったひとつの出会い。
そして、彼のために祈っていた最中に訪れた、予期せぬ形での別れ。
残された人たち
彼を今も愛し続けるファンの方たちの思い。

30年という短い人生の中で、おそらく私が彼と出会った唯一の牧師なのでしょう。
彼の人生で、彼と共に祈った唯一の牧師なのだと思います。

にもかかわらず、私は自分の務めを果たすことができなかった……。
せめてもう一度、教会に来て、お話しする機会があれば……。
私は自責の念に駆《か》られました。様々な思いが胸をよぎり、眠れない日が続きました。
牧師として、彼に何もできなかったという後悔の念は今も続いています。

悲しみの中で

「私の本当の仕事は、これから始まるのです。でもその時には、私はこの地上にはいないかもしれません」

「人は別れなければ、出会ったことの本当の意味はわからないのです」

これは私も生前たくさんの交流をいただいた、聖路加国際病院の名誉院長であった日野原重明先生が最晩年、１０５歳で天に召される半年前に残された言葉です。

「本当の仕事は死んでから始まる、
出会った意味は、別れてこそわかる……」

今、私はその言葉をかみしめています。

聖書の中に「一粒の麦は、生きていれば一粒のままだが、死んで地に落ちれば、多くの実を結ぶ」という言葉があります。

聖書を人生の道しるべとして、長い人生を生きた日野原先生がおっしゃったことは、まさにこの箇所と一致するのです。

私は78年という人生の中で、「できるだけ長くこの地上で、私に課せられた使命を果たさせてください」と毎日、そう神様に祈りながら、今日まで生きてきました。

未開の地に住む先住民の方たちに聖書を伝えるため、インドネシアのジャングルの山奥まで出かけていって、帰国後熱帯性マラリアを発症してしまいました。生存率3パーセント、国内での症例が全くない時代、マラリア患者を診たこともない医師たちは対処方法すらわからず、生死の間を彷徨《さまよ》ったこともあります。

あと1ミリ血管が塞《ふさ》がったら生きることができなかったという心筋梗塞を経験し、

今私の心臓にはステントが3本入っています。若い時には、私の至らなさから誤解や非難、心ない中傷を受け、家内と共に涙を流した夜も数え切れません。

そんな私がこの年まで生かされてきたのは、神様が私の祈りを聞いてくださっていたからだと、心から感謝しています。

しかし同時に、私が天に召される日は何十年も先ではない、ストレートに言えば、まもなくであろうとも感じ始めています。

そんな時に、三浦春馬さんとの出会いが与えられたのです。

人間は死んだら終わり。そう思って生きている人もたくさんいるに違いありません。

死後の世界がある、そう信じたい……あちらの世界に先に行ってしまった、愛する人とまた再びきっと会える、そう信じて、悲しみや困難を毎日乗り越えてきた人もまたおられることでしょう。

本書で、これから私が皆さんにお伝えしたいこと、お伝えしなければならないこと、それは、「死んだら、その後どうなるのか」「死んだ後、私たちはどこに行くのか」ということです。

死んだ後、魂はどこへ行くのか

死んだら、というのは、ありとあらゆる最期の形です。

事故死した人は？
災害にあって亡くなった人は？
戦争で散っていった若者たちは？
そして三浦さんのように、自死した人は？

死んだ後、私たちはどうなるのか。

私たちがこの地上の時間を終えた後、私たちは一体どこに行くのか。

死んだ後の復活というものがあるのか。


三浦春馬さんは舞台「罪と罰」を演じるにあたって、その作品を理解する手がかりを求めて、人生で初めて教会を訪れました。

そして、『聖書』はその答えをはっきりと示しています。


もう少し、この地上で彼との時間があったら……。

三浦春馬さんとの出会いと別れを通して、聖書に記されているその答えを、私は多くの人に伝えなければならない、そう決心したのです。


しかしそれは、簡単なことではありませんでした。

なぜなら、これから本書で私が伝えようとする内容は、これまでほとんどの教会で教えてこられたこと、またクリスチャンが信じてきたであろうこととは、全くと言ってよいほど違うからなのです。

当然、教会関係者からは強いアレルギー反応と共に、大きな批判を受けることになるでしょう。

それでも、あえて、私はそれを伝えなければならないのです。

自死した人の魂が、地獄などへは行っていないということを。

ガリレオは天動説が当たり前だった時代に地動説を唱え、裁判にかけられたという逸話が残っています。でも、時と共に必ず明らかになるのが真実・真理です。もしも、この本で私が述べ伝えることが、多くの人々の中に真実として残らなければ、私がどれほど声を大にして叫んでみたところで、やがては時の流れの中に消えていくことでしょう。

今日まで、私は牧師として多くの本を書いてきました。

そしてその全ては、キリスト教関係の出版社から出されたものです。

しかし今回、このことを伝えるために、本書は私としては初めてのことですが、一般の出版社から刊行されるものとなりました。そしてこの本は、三浦春馬さんとの出会いと別れを通して生まれたものなのです。

彼とのあの時間がなければ、これから私がお伝えする内容を、こうして世に問うことは決してなかったことでしょう。

三浦春馬さんとの交流が、私の背中を押してくださったような気がするのです。

私が、そう勝手に思っているだけなのかもしれません。

でも、私にその一歩を踏み出す勇気と力を、彼が与えてくださったことだけは確かです。

「死んだら、どこへ行くのか」「死んだらそれで終わりなのか」という、三浦春馬さんに知って欲しかったこと、時間がもっとあれば三浦春馬さんに伝えたかったことを、これから皆さんに分かち合いをさせていただきたいのです。

彼との出会いの日

それは、2018年の年の瀬も迫る、12月29日土曜日のことでした。

牧師というのは、日曜日に教会の主日礼拝で信徒の皆さんに聖書のメッセージを取り継ぎます。その準備のため、ほとんどの牧師にとって土曜日は極力人と会うのを避け、祈りの中でメッセージを準備する日になっています。

三浦さんが、私の教会を訪ねて来られたのは、そんな土曜日の朝でした。

芸能界に関する知識が皆無である私は、恥ずかしながらその時、三浦春馬さんのお顔どころか、彼の存在さえ存じ上げませんでした。

大和カルバリーチャペルの2500人以上いる信徒さんたちの中には、賜物《たまもの》（神様からいただいた才能や経験）を生かし、各分野で素晴らしい活躍をされている方がたくさんおられます。

その中のお一人に、日本を代表するゴスペルチームを率いる池末信さんという方がおられます。彼から「三浦春馬さんが、牧師さんにいろいろお聞きしてみたいことがあるということなので、お時間をとってもらえませんか」とリクエストがあったのです。

三浦春馬さんは、将来ミュージカルの舞台での活躍を一番夢みていたそうです。そんな三浦さんに池末さんのお弟子さんである長谷川開《かい》さんが、ボイストレーナーを4年間務め、また三浦さんとも同じミュージカルの舞台に立っていたそうです。そんな関係だったのです。

聞けば、ちょうどその時に三浦さんが準備をしていた舞台、ドストエフスキーの「罪と罰」で、主役ラスコーリニコフの役作りと解釈のために、牧師さんにいろいろと聞いてみたいことがあるとのこと。

土曜日ではありましたが、そのような思いで信徒の方に導かれ教会に来たいということであれば、私もできるだけのことをさせていただこう、と快諾したのでした。

空気がぴーんと張ったような、よく晴れた清々《すがすが》しい冬の朝でした。

その朝と同じような、明るく爽やかな笑顔をたたえた青年。まさに「爽やかで清い」というのが第一印象でした。そしてとても礼儀正しく、細やかな気遣《きづか》い溢《あふ》れる彼の立ち振る舞い、言葉遣いは、一般に私たちが「人気芸能人」に対して抱きがちなイメージとは程遠く、私はすぐに三浦春馬という一人の人物に好感を持ったことを鮮明に覚えています。

お会いして挨拶も早々に、早速三浦さんの質問に答える時間となりました。三浦さんと共に「罪と罰」の舞台で共演される大島優子さんという女優さんと一緒に、池末さん、長谷川さんも同席していただきました。役を演じる上でどうしても理解したい、しかし理解し難いと感じられていた、聖書やキリスト教に対する熱心な質問が次から次へと、時間ギリギリまで私に投げかけられました。

ドストエフスキーの代表作『罪と罰』は貧困に喘《あえ》ぐ元大学生ラスコーリニコフが主人公です。三浦春馬さんが演じたのはこの役でした。彼は大変頭の良い人間であると同時に、自らの知性に対して異常なほどのプライドを持っています。

そのため、独自の理屈で罪を犯します。「ひとつの小さな犯罪は、100の良い行いで許される」「特別な才能を持つ選ばれた人間は、世の中のためになるのであれば、社会道徳を踏み外す権利を持つ」という考えのもとに、強欲極まる金貸しの老婆を殺して金を奪い、その金を社会のために役立つことに使おうとします。しかし、老婆だけでなく、殺害を目撃した彼女の義妹までも殺してしまうのでした。

目的は果たしたものの、思いがけないさらなる殺人に罪の意識が湧き上がり、ラスコーリニコフは自らの犯罪を肯定する思いと、罪の意識の狭間で苦しみます。そんな彼の心を変えたのは大島優子さんが演じる娼婦のソーニャでした。

悲惨極まりない生活の中で自らの体をお金に換えて、愛する家族のために尽くすソーニャの生き方に接するうちに、ラスコーリニコフの中に真の人間性が芽生え、そして最後には自首する、というストーリーです。

ラスコーリニコフを演じるために知りたかったテーマ

まず私が驚いたのは、台本に出てくる重要な聖書箇所であったヨハネによる福音書11章が、すでにお二人の頭に完全に入っていたということです。その章全てですから、決して短いものではありません。クリスチャンでも、章の全部を暗唱できる人は多くはないでしょう。
「役者さんとは、これほどの準備をなさるものなんだなあ」と、感銘を受けたものです。この方々はキリスト教や聖書に対して興味本位で来られたのではなく、ご自分の演じる役を深く掘り下げようと真剣に考え準備して、まさに満を持していらっしゃったのだ、と感じさせられました。

お二人の様々なご質問に対して私が答える内容に、時には大きく頷《うなず》き、心から納得したという表情の時もありました。また一方で、その答えを再び自分の心の中で消化し、さらに深く理解しようとするような表情を浮かべられることもありました。しかし、どんな時にも、常に真っすぐ私の目を見ながら質問するその姿が、彼の真剣味と誠実な人柄を表していました。彼のあの時の目が、とても印象に残っています。

その時は別段気にも留めませんでしたが、今振り返ってみると不思議なことに、三浦さんは芝居や役柄に関して、たとえば「罪と罰」と言えば、しばしばテーマとなる

「悪人なら殺してもいいのか」というような質問はしませんでした。

聖書の言う「命」と「死」と、そして「復活」という点が、彼の質問の中心でした。舞台でラスコーリニコフ役を演じる上で、最も知っておきたい重要なテーマだったのでしょう。

また、「罪と罰」が現代の私たちに投げかける、大きなテーマの一つに、今日本はスポーツや芸能の世界、また政治の世界でも何か不祥事があると、その人はメディアで叩かれて、がんばってきた場所から追放されてしまう。罪を犯したのだから罰を受けるのは当然ですが、もう二度と復帰できないような風潮は本当に正しいのだろうか。その人は救われないのでしょうか。

この『罪と罰』を通して、そんなメッセージが社会に向けて訴えかけられているように感じます。

何か不祥事を起こしたら、救われる道もなく、そこで終わってしまう。

今私たちの社会の中にある、「許さない心」や「一度失敗したら切り捨ててしまう残酷さ」のようなものと、ヨハネによる福音書11章に出てくる、死んでもまた生き返ったラザロの姿、さらには、「死んだ後の復活」というテーマは、密接に関わり合っています。

死んだら、どこへ行ってしまうのだろう。

そして、聖書の説く通り、復活するということなど、あるのだろうか……。

聖書のヨハネによる福音書11章との出会いがきっかけとなり、俳優としての三浦さんの心の中にそのことについての疑問が湧《わ》いていたに違いありません。

三浦さんの熱心な質問に答えるうちに、気づけばお昼になっていました。彼と過ごした濃密な1時間半は、こうしてあっという間に過ぎていったのでした。限られた時間で聞きたいことを聞き終えたのか、最後はすっきりとした顔をしておられました。

話が一通り終わった後、私はいつも信徒の皆さんにするように、手を置いてお祈りする「按手《あんしゅ》のお祈り」をさせていただきました。三浦さんと大島さん、お二人の後ろに回って肩に手を置き、「健康でこの仕事を全うされますように。神様の力が与えられますように。務めを果たすことができますように。死んでも生きるという永遠の世界が開かれ、悟ることができますように。イエスのお名前でお祈りします」と祈りました。

私が「アーメン」と言うと、お二人とも「アーメン」と唱和しました（アーメンというのはヘブライ語で「その通り、真実です、私も同意します」という意味です）。

リラックスされたようなお二人に「折角生まれて初めて教会へいらしたのですから、礼拝堂へお連れしましょう」とお声かけをすると、是非ということになり、私たちは全員で礼拝堂へ移動しました。

春馬さんが見上げた十字架の意味

それまで過ごした応接室と全く違う空気を感じられたからでしょうか、長年多くの人々が祈りを捧げてきた礼拝堂に入るやいなや、来られた時から常に朗《ほが》らかで明るい表情だった彼の顔に、一瞬どことなく神妙な、そして静かで穏やかなものが表れました。

しかしそれは、この礼拝堂を初めて訪れる人に何度も見てきた表情でしたから、嬉しい思いはありましたが、特に気には留めませんでした。が、瞬間「彼もいつか、教会に通うようになるかもしれない」、ふと、そう感じさせられるものがありました。

そして、何かを考えるような目でじっと十字架を見つめる彼に、私はいつも教会の信徒の皆さんにお話ししていることを、三浦さんにもお話ししました。

「十字架には三つの意味があるのですよ。十字架はプラスの形をしているでしょう。だから十字架の意味を理解すると、全てのマイナスが必ずプラスに転じるのですよ(笑)。信仰に生きれば、お金がなくても病気でも明るく生きられる。なぜなら全てが最後にはプラスになるからです。

キリストは十字架にかけられて、ご自分の死をもって、私たちの罪を赦してくださり、私たちは永遠の命を与えられます。さらに、私たち一人一人も、十字架をかつがなければなりません。困難や苦しみ、社会の難しい問題をかつぐということです。自分だけが赦され、救いを受けた、ああ良かった、万歳、ということではありません」

その説明を聞き終わった時に大きく頷いた、彼の瞳が今も私の目に焼きついています。

そうして、朝来た時と同じように、爽やかな笑顔で私に丁寧に感謝を述べ、彼は私たちの教会を後にしました。「僕には深刻な悩み事など何もない」、多くのファンの方たちにもそうであったように、見送る私にも、春馬さんはそんな明るく人懐っこい笑顔を残して去っていったのでした。

これが2018年12月29日、三浦春馬さんの人生にとっての、最初で最後となった教会での、牧師と過ごした時間の一部始終です。

「罪と罰」舞台上での姿

教会での時間から数日後に、新しい年が明けました。新年早々に上演が始まることとなっていた「罪と罰」の本番の舞台に、三浦春馬さんが私共夫婦を招待してくださいました。彼が教会を訪れたのがあの時だけだったように、私が三浦さんの舞台を見たのも、まさしく最初で最後になりました。

私たち夫婦だけでなく、客席から三浦春馬さんが無事大役を終えることができるように祈りながら応援するために、大和カルバリーチャペルの信徒の方々数人も、観客としてこの舞台に駆けつけました。祈りの力は大きいものです。

一度に舞台を見ることのできる人数は、劇場の客席数に限られます。この本を書くにあたり調べてみましたが、会場となったシアターは750席ほど。全29公演あったあの舞台を、実際に見た人は2万人以上にのぼるそうです。

とはいえ、一度に何十万、何百万という人が繰り返し見ることのできるテレビドラマや映画と比べると、その人数はとても少ないのだと思います。私は思いもかけず、幸運な一人となったのでした。

あの日の舞台を思い出しています。

公演が始まるとすぐ、他を圧倒するような三浦春馬さんの声が素晴らしく、しかも様々な声色《こわいろ》を自在にコントロールしながら台詞《せりふ》を語る、役者としての三浦春馬さんの才能と深い感情表現に感動しました。

私自身、原作の小説は読んで知ってはいましたが、『罪と罰』の難しいテーマが芝居の舞台となると一体どうなるのか、興味もあり、また同時に正直なところ不安でもありました。

しかし、三浦春馬さんの、まるで音楽のような台詞回しにそのような不安は一気に吹き飛ばされ、観客が物語の世界にどんどん引き込まれていく様が、客席にいても伝わってきました。

役者さんというものは凄いなぁ……。そう感じたものです。

私は芸能や舞台に関して、決して経験豊富な詳しい観客と言えません。貴重な舞台に接することのできた体験と、その価値を少しでも深く理解したかったので、当日の感動を思い起こすためにも、今回二人の専門の方と舞台の感想を分かち合いました。
先に、三浦春馬さんが私を訪ねてこられる経緯の中でお話に出てきた、池末信さんと長谷川開さんです。

三浦春馬さんのボイストレーナーを4年間務めた長谷川開さんは、こんな話を聞かせてくださいました。

「春馬くんは、いつの日かブロードウェイの舞台に立つことを、真剣に夢みていました。なので、そのために歌も、踊りも、常に上質なものにしたい、という強い願望を持って取り組んでいました。
僕は歌の面で彼をコーチングしましたが、ダンスにはダンスの、演技には演技の、それぞれの分野で信頼するコーチのもとで常に勉強していたようです。あの舞台で、朗々と会場を満たす声で台詞を語る彼の姿に、声のトレーニングでお手伝いしていいた者として、〝春馬くんが望んだものが手に入っている〟と思わせていただき、とても嬉しかったのを覚えています。

彼は、自分が表現したいと思うことは、とことん細部にわたって考え抜いていくタイプでした。あの日の舞台でも、目線、視線、ちょっとした動きの手の角度に至るまで、本当に細部にわたって、漫然と無意識のうちにやっているものが何ひとつない感じがして、舞台経験の少ない僕自身としては、彼のプロ意識、高い向上心に敬服させられました。

あれほどの人気者だったので、自分が出演するだけで多くのお客様に来ていただけるという存在だったにもかかわらず、いつも〝観客の方には、誰かを見に来るのではなく、上質な、良いものを見に来ていただきたい〟と言っていました。自分のファンは大切でも、舞台を見終わった時には、自分ではなく、素晴らしい作品を見た、そう感じて欲しかったのだと思います。自分がそのきっかけになれば嬉しい、と言えばよいでしょうか。

だから、自分自身の成功というより、その舞台が成功するために、自分のできることを精一杯して、完成に貢献したい、そんな熱い思いが強かったように思います。前日の公演を振り返って〝あそこの、あの部分、こうした方が良いと思うんだ。今日はこうしてみよう！〟と、少しでも舞台を良いものにするために、決して満足せずに挑戦し続けていたのも、〝上質なものを提供したい〟という思いが常に根底にあったからだと、今になって感動しながら思い出しています。

僕は、彼の最後の舞台をご一緒できたのですが、その舞台もミュージカルでした。不思議な感じがしますが、その中で彼は、イエス・キリストに間違われる役だったんです。公演期間中も『こうして、毎日勉強できる環境が嬉しい』と言って、自分を向上させることの喜びを繰り返し口にしていました。

だから、常に真剣で……。手を抜く、ということを知らなかったのかもしれません。『罪と罰』でも僕が見た日の公演も本当に感動的で、いろいろなことを学びましたが、きっと最終公演の方は、さらに素晴らしいものになっていたに違いない、と思います……。

彼は、仕事上でもプライベートでも人に何かを伝えたい、伝えなければならない、そのような時、いつも気にしていたことが〝いかに、誰も傷つけることなく伝えるか〟ということだったように思います。

人を傷つけないこと……春馬くんはいつも気を配っていました。それが、彼の優しさだったのでしょう。だから、今でも僕は彼のことを悪く言う人に会ったことがありません。

「罪と罰」の舞台にも、そこここに、彼の優しい人間性が溢れてました。〝優しさ〟がラスコーリニコフの深いところにある、罪の意識を呼び覚まされるプロセスに説得力を与えていたように思います。

本当に舞台には、誤魔化しの利かない、演じる人のありようが現れるのだということ、教えてもらったような思いがします」

十字架を背景に、救いを表現したラストシーン

長谷川開さんの先生である池末さんは「春馬くんが出ているだけで、作品の品格というか、崇高さが一気に高まっている感じがしました。あの時代のロシアの貧しい青年を演じるために、ほとんどの贅肉《ぜいにく》を落とし、ご自分の体を彫刻のように鍛え、この数ヶ月、与えられた役を演じるために入り込んできたのだな、と彼の佇まいそのものに役者魂を感じましたね。

彼の舞台をいくつか拝見して感じさせられたことがあります。それは社会の中からはみ出したり、異端と思われるような中にある人物の心理・心情を受け取り、心を削ってまででも、そこにある人間の姿を表現したいということだったように思います。『罪と罰』は、彼にとっては、まさに思いの結晶のようなものだったのでしょう。最後のシーンが終わり、幕が下りた時には、あまりのメッセージの強さに、しばらく席を立つことができなかったほどです」と語ってくださいました。

お二人との対話を通して、私はあの日の感動が、どこから来たのか、改めてわかったような気がしています。結局それは、舞台の内容うんぬんを超えたところにある彼のありよう、さらに目指していたものに対する、真摯な努力と誠実さだったのでしょう。

池末さんの記憶にも残るラストシーンは、私の脳裏にも今も鮮やかに刻まれています。

ラスコーリニコフの魂が救われることを象徴するかのように、光の中で大きな十字架を背景にソーニャと向き合うラスコーリニコフ。

私たちの教会を訪れた時、十字架をじっと見つめていた三浦春馬さん。ラスコーリニコフの魂の再生を表すかのようなラストシーンで、彼は十字架を背にして何を思ったのか。十字架について語らせていただいた私の言葉を、どこかで思い出してくれていたのでしょうか……。

三浦春馬さんが質問したヨハネによる福音書11章

ヨハネによる福音書11章。

三浦春馬さんが、私のところへいらっしゃる前に、ほとんど暗記されていた聖書箇所です。

「罪と罰」の舞台を演じることで、三浦さんが出会った、重要な聖書箇所。

そして、前述した通り、当日私に質問する彼の姿を思い起こすたびに、三浦さんはラスコーリニコフの内面に迫るために、牧師である私に一番聞きたかったであろうことが、この聖句にある「人の死と復活」、そして死後の世界のことであったのだと思います。

読者の方の多くが聖書を一度も開いたことがないと思いますので、先にお話を進めていくためにも、まずは実際に聖書の箇所を見てみたいと思います。

6000年以上前から聖書で預言されていた通り、今から約2000年前にイスラエルにイエス・キリストが現れます。キリストとは新約聖書の書かれた言語であるギリシャ語で「救世主」(旧約聖書の書かれたヘブライ語では「メシア」)という意味です。

「いつかキリスト(救世主)が現れた時にはこのような奇跡を行う」、確かに旧約聖書で約束されていたその通りの奇跡の様々を、イエスは多くの人々の前で行っていました。そのような中で、ご自分の愛しているラザロという人物が死んでしまった、と知らせを受けた時の様子が、この聖書箇所です。

さて、ひとりの病人がいた。ラザロといい、マリヤとその姉妹マルタの村ベタニヤの人であった。

このマリヤは主に香油をぬり、自分の髪の毛で、主の足をふいた女であって、病気であったのは、彼女の兄弟ラザロであった。

姉妹たちは人をイエスのもとにつかわして、「主よ、ただ今、あなたが愛しておられる者が病気をしています」と言わせた。

イエスはそれを聞いて言われた、「この病気は死ぬほどのものではない。それは神の栄光のため、また、神の子がそれによって栄光を受けるためのものである」。

イエスは、マルタとその姉妹とラザロとを愛しておられた。

ラザロが病気であることを聞いてから、なおふつか、そのおられた所に滞在された。

それから弟子たちに、「もう一度ユダヤに行こう」と言われた。

弟子たちは言った、「先生、ユダヤ人らが、さきほどもあなたを石で殺そうとしていましたのに、またそこに行かれるのですか」。

イエスは答えられた、「一日には十二時間あるではないか。昼間あるけば、人はつまずくことはない。この世の光を見ているからである。

しかし、夜あるけば、つまずく。その人のうちに、光がないからである」。

そう言われたが、それからまた、彼らに言われた、「わたしたちの友ラザロが眠っている。わたしは彼を起しに行く」。

すると弟子たちは言った、「主よ、眠っているのでしたら、助かるでしょう」。

イエスはラザロが死んだことを言われたのであるが、弟子たちは、眠って休んでいることをさして言われたのだと思った。

するとイエスは、あからさまに彼らに言われた、「ラザロは死んだのだ。

そして、わたしがそこにいあわせなかったことを、あなたがたのために喜ぶ。

それは、あなたがたが信じるようになるためである。では、彼のところに行こう」。

するとデドモと呼ばれているトマスが、仲間の弟子たちに言った、「わたしたちも行って、先生と一緒に死のうではないか」。

さて、イエスが行ってごらんになると、ラザロはすでに四日間も墓の中に置かれていた。

ベタニヤはエルサレムに近く、二十五丁ばかり離れたところにあった。大ぜいのユダヤ人が、その兄弟のことで、マルタとマリヤとを慰めようとしてきていた。

マルタはイエスがこられたと聞いて、出迎えに行ったが、マリヤは家ですわっていた。

マルタはイエスに言った、「主よ、もしあなたがここにいて下さったなら、わたしの兄弟は死ななかったでしょう。

しかし、あなたがどんなことをお願いになっても、神はかなえて下さることを、わたしは今でも存じています」。

イエスはマルタに言われた、「あなたの兄弟はよみがえるであろう」。

マルタは言った、「終りの日のよみがえりの時よみがえることは、存じています」。

イエスは彼女に言われた、「わたしはよみがえりであり、命である。わたしを信じる者は、たとい死んでも生きる。

また、生きていて、わたしを信じる者は、いつまでも死なない。あなたはこれを信じるか」。

マルタはイエスに言った、「主よ、信じます。あなたがこの世にきたるべきキリスト、神の御子であると信じております」。

マルタはこう言ってから、帰って姉妹のマリヤを呼び、「先生がおいでになって、あなたを呼んでおられます」と小声で言った。

これを聞いたマリヤはすぐに立ち上がって、イエスのもとに行った。

イエスはまだ村に、はいってこられず、マルタがお迎えしたその場所におられた。

マリヤと一緒に家にいて彼女を慰めていたユダヤ人たちは、マリヤが急いで立ち上がって出て行くのを見て、彼女は墓に泣きに行くのであろうと思い、そのあとからついて行った。

マリヤは、イエスのおられる所に行ってお目にかかり、その足もとにひれ伏して言った、「主よ、もしあなたがここにいて下さったなら、わたしの兄弟は死ななかったでしょう」。イエスは、彼女が泣き、また、彼女と一緒にきたユダヤ人たちも泣いているのをごらんになり、激しく感動し、また心を騒がせ、そして言われた、「彼をどこに置いたのか」。彼らはイエスに言った、「主よ、きて、ごらん下さい」。

イエスは涙を流された。

するとユダヤ人たちは言った、「ああ、なんと彼を愛しておられたことか」。

しかし、彼らのある人たちは言った、「あの盲人の目をあけたこの人でも、ラザロを死なせないようにはできなかったのか」。

イエスはまた激しく感動して、墓にはいられた。それは洞穴であって、そこに石がはめてあった。

イエスは言われた、「石を取りのけなさい」。死んだラザロの姉妹マルタが言った、「主よ、もう臭くなっております。四日もたっていますから」。

イエスは彼女に言われた、「もし信じるなら神の栄光を見るであろうと、あなたに言ったではないか」。

人々は石を取りのけた。すると、イエスは目を天にむけて言われた、「父よ、わたしの願いをお聞き下さったことを感謝します。

あなたがいつでもわたしの願いを聞きいれて下さることを、よく知っています。しかし、こう申しますのは、そばに立っている人々に、あなたがわたしをつかわされたことを、信じさせるためであります」。

こう言いながら、大声で「ラザロよ、出てきなさい」と呼ばわれた。

すると、死人は手足を布でまかれ、顔も顔おおいで包まれたまま、出てきた。イエスは人々に言われた、「彼をほどいてやって、帰らせなさい」。

マリヤのところにきて、イエスのなさったことを見た多くのユダヤ人たちは、イエスを信じた。

（ヨハネによる福音書　11章）

映画のシーンを見ているような情景です。

しかし、後述するように、聖書は架空の物語ではなく、確かな事実を書き留めた「歴史書」でもあります。そこに記されていることが、科学の発達と考古学の進歩によってどんどん証明されています。

彼に伝えた「永遠と復活」

旧約聖書で、メシアが現れた時、その証拠として行う奇跡の中に「死んだ者を生き返らせる」というものがありました。

伝えられてきた預言の通り、群衆の前で様々な奇跡を行ったイエス・キリストが、死んで4日もたったラザロという人物が葬られている洞窟（当時、一般の人々はこのように埋葬されていました）へ入っていって、皆の目の前で生き返らせたという場面です。

まさに言い伝えられていた、メシアのみがなす神の業《わざ》です。

この聖書箇所で三浦さんが一番疑問に思っていたのは、「ラザロという人物は死んだのに、なぜ復活したのか」という点でした。

「人間は死んだらおしまいではなく、その先があるんでしょうか？」彼が『罪と罰』の作品世界を理解するためにした最初の質問でした。

「聖書の教えでは、人間には死んだ後永遠の世界があります。一般には、人間は死んだら『千の風になる』とか、様々な宗教で『無になる』あるいは『輪廻転生《りんねてんしょう》する』などと言われますが、聖書が伝えるものはそうではありません。死んだ後、永遠の世界があるのです。我々は偶然の産物でこの世に生まれ出てきたのではなく、創造主である神が人間を造られ、神の赦しと、私たち一人一人に持っておられるご計画の中に存在するのです」

私が答えると、三浦さんはとても強く頷いていました。

「人間は何らかのかたちで死にますが、それも神の御手《みて》の中でのことです。生まれてくることも、そして死んでいくことも、私たちの自由にはなりません。人間は、死にたくても死ねない、生きなければならないこともあるし、逆に生きたいのに死んでしまうこともあります。これは非常に難しい世界ですが、創造主の御手の中で赦されて初めて、生も死もある。私たちは、こう受け止めて、一番大切な生死の問題を考えるのですよ」

そして、ヨハネによる福音書11章25節にこうあります。

「わたしはよみがえりであり、命である。わたしを信じる者は、たとえ死んでも生きる」

キリストを信じる者は、「死んでも生きる」のです。

この部分は理解が難しかったのでしょう。

死んでも生きるとは一体どういうことなのか？

読者の皆様も難しいと感じるのではないでしょうか。

「短い時間で、聖書の真髄と言えるこの点を説明するのは難しいのですが……簡単に言えば」と前置きをして、お伝えしました。

「この世では、死んだら死ぬのです。ラザロも、今生き返ってもやがては死んでしまうのですが。しかし『死んでも生きる』ということは、その後に『永遠の世界』があるということです。

人間が人間を治めるこの地上では不公平なこと、残酷なことがたくさんありますが、聖書が示す永遠の世界、つまり神が治める天国には、この世の苦しみは全くない。そこに行けば病気からも解放されているし、いじめられることもなければ、苦しい社会的なストレスもない。罪のない世界ですから、最高に素晴らしい。それが永遠に続くのです。キリストの愛の中で生きるのです」

三浦さんは、私の答えに対しては興味深そうに頷いておられました。しかしその表情は決して合点がいった、というものではありませんでした。

「これほど真剣な思いを持つこの人は、時間をかけても、きっと自分が納得するまでこのテーマと向かい合うのだろう」、その時の表情を見て、私は強く感じました。

教会で礼拝に参加し聖書に触れるうちに、きっとその日が来るだろう、と。

しかし、その日が来ることはありませんでした。

三浦春馬さんに知って欲しかった、聖書の説く「死んだ後のこと」を、ここからお話しさせていただきます。

第2章

聖書が説く「罪と罰」

罪のリストと、その中にある自殺

死後私たちはどうなるか、その手がかりが記されている聖書。

ところでその聖書には、春馬さんが務めた舞台のタイトルでもある「罪」や「罰」についてどのように記されているのでしょうか。

人間はどんなに良い人であっても「罪のない人はいない」つまり「人間は元々全員罪人《つみびと》である」、聖書はそう教えます。

窃盗ということにたとえると、人間は盗みをするから泥棒という罪人になるのではなく、元々罪人としての性質があるから盗みをするものである、ということです。

そして、聖書では天国に行くことのできるのは、良いことをしたり善行を積んだ人ではなく「罪のない人」だと説いています。天国へ行くには「罪が赦された人」でなければならない、ということです。

え、私は犯罪を犯したこともないし、人に悪いことをしたこともないのに、なぜ私が罪人呼ばわりされなきゃならないの？　多くの方がそう思われるでしょう。当然だと思います。いきなり、「あなたは罪人だ」なんて言われて、気分の良い人などいないものです。

しかし聖書がここで語る罪とは、人間社会の中での「罪」や「犯罪」とは全く異なるものなのです。

この点については、後の章で詳しく説明させていただきます。

聖書の中には、罪の性質を持ち合わせて生まれている人間のために、「どのような行為が罪であるのか」というリストがあります。それが「モーセの十戒《じっかい》」です。このテーマは映画や小説になったりしていますので、聞いたことのある人もおられるでしょう。

400年もの間、エジプトで奴隷として働かされていたユダヤ民族200万人を、神のお告げに基づきイスラエルの土地に導いたモーセ。「十戒」はその途中、シナイ山という山で、神が石板に直接刻んだと言い伝えられるもので、世界の国々の法律のほとんどが、この十戒をもとにしていると言われています。いわば人類に与えられた最初の規範・戒律、それが「十戒」です。

1. 私の他に神があってはいけない
2. あなたの神、主の名をみだりに唱えてはならない
3. 主の日を心に留め、これを聖とせよ
4. あなたの父母を敬え

5. 殺してはならない
6. 姦淫《かんいん》してはならない
7. 盗んではならない
8. 隣人に対して偽証してはならない
9. 隣人の妻を欲してはならない
10. 隣人の財産を欲してはならない

隣人というのは、今の言葉で言えば、「他者の」ということで、いわゆる家のお隣さんではありません。

人間が絶対にしてはいけないこと、人間を創造した神に背を向けることになる「最も犯してはいけない具体的な行為」のリストである十戒の中には「自殺」が入っています。「殺してはいけない」という戒めの中には、「与えられた命を自ら殺《あや》めてはいけない」ということも含まれるからです。あらゆる罪の中で、自殺（自死）は最も重い罪のひとつと考えられています。

自殺してはいけない

与えられた命。
自分の力や努力で手に入れたものではなく、
創造主である神が、何かの目的のために与えた命。

なので、自殺は聖書の言う通り、最もしてはいけないものであり、それは、間違うことのない絶対的な、神からの願いであり、命令である、と私も堅く信じています。

三浦春馬さんが自ら死を選ぶまでにどのような事情があったのか、今はわかりません。そしてその原因を探ることにも、意味があるとは思いません。

ただ、死を選ぶほどだった、彼が抱えた問題、苦悩を、誰とも分かち合うことができなかった、その重荷を背負ってあげる人がいなかったということだけは、はっきりしているでしょう。

私の知っている方で、心が追い詰められていき、もはや自分で自分の心や行動をコントロールすることさえできなくなり、気がついたら、ホームで電車に飛び込む寸前で、電車の入って来る轟音《ごうおん》で目が覚めるように、はっと正気に戻ったという人がいます。

彼にはその瞬間自殺をしようという積極的な思いなど全くなく、正常な心の時には想像もできない、一種幻覚の中にいるような状態であったそうです。生々しい彼の話を聞くにつけても、突発的な衝動で自死する人もいかに多いかうかがい知ることができます。

その瞬間、「これは悪いこと、罪になるかもしれない」などと、冷静に判断した上で、自らの命を絶つという人など一体どれほどいるのでしょうか。

自殺寸前まで苦しんだ彼らが共通して口にするのは、「死ぬほどの大きな問題を抱え、誰とも分かち合えなかった」という言葉です。

「孤独は全ての病気の根源である」、とあるドクターが言っていましたが、人間は、自分の全てを受け入れ、理解してくれる人がこの世に一人でもいたら、生きていけるものです。

それが、本当の愛だからです。そしてこの世で、愛を必要としていない人は、一人もいないのです。

イエス・キリストは公生涯《こうしょうがい》の中で、このようにおっしゃいました。

すべての重荷を負うて苦労している者は、わたしのもとにきなさい。
あなたがたを休ませてあげよう。

（マタイによる福音書　11章）

苦しみを一人で抱えて、その重さに耐えかねて、孤独の中で死んでいく人々。自死を選んでしまった彼らこそ、一番救いを必要としていた人たちのはずです。

自殺した人が地獄へ行く、ということはない

しかしキリスト教界は、自殺者を罪人として、地獄へ行く者と断罪してきました。
天国へ行くのは、「人間の罪を消すために、神が人類の初めからその誕生を約束し

てくれていたメシアを信じる人」である。聖書をもとに、キリスト教会ではそのように伝えてきたからです。

そして、罪が赦される唯一の方法が「イエス・キリスト」を地上にいる間に信じることで、それなくして死んでいった人たちは、天国に行くことができない、つまり地獄へ行くのである、と教えてきました。「罪の代価は死である」から、その帰結として、罪赦されることなく死んでいく者は、天国へ行けずに、地獄へ行く……。私も子どもの頃から、そう教えられてきました。

私が幼かった頃からすでに、ほとんど例外なく、教会ではそのように教えられていたようですから、私の生まれるずっと前から、100年以上そのような考えと教え（神学）の中で教会は営まれてきたのだと思います……。

中には、自死した人のお葬式を断る教会まであったのを、私は知っています。

孤独の中で、もはや自殺という方法しか思い浮かばず、たった一人で死んでいくしかなかった人の苦悩、そして残された御家族の苦しみは、想像を絶するものであるに違いありません。

イエス・キリストは、全ての人を救うために来られた。

神は愛である。

そう説く一方で、深く傷ついた人々に「あなたの大切な人は地獄へ行きました。だからお葬式もできません」と、多くのキリスト教会は、そう言ってきたのです。

しかし、私は聖書をもとに、私の人生をかけて、そして70年の信仰にかけてはっきりと宣言します。

彼らは地獄へなど行っていません。

なぜなら、聖書にそのようには書かれていないからです。

牧師として、伝えることを躊躇した教え

クリスチャンは長い間、おそらく日本ではその伝来の時以来、「自殺した人は大きな罪を犯したまま死んでいくので、地獄へ行くのだ」、それと同様「イエスを信じることなく、罪が消されないまま死んでいった人は地獄へ行く」と、教えられてきました。教えてきたのは、教える側、つまり私のような牧師であり、宣教師たちです。

でも正直に告白すると、その教えに、私はどうしても納得できませんでした。何かが違う、そんなはずはない。私たちを造られた神が、そんな無慈悲なことをなさるなんて……。

罪を贖《あがな》ってくださるキリスト。私たち人間がその誕生の時から受け継ぐ、全ての罪を消してくださる方、それはイエス・キリストだけである。私はそのことを堅く信じています。

キリストを心に受け入れることは、この地上での生活が終わり天に帰っていく時のパスポートである。古来脈々とそれを信じてきた先人たちと同様、聖書の言う通り、私はそれを信じて疑ったことはありません。

しかし、その一方で、自分の中で納得できないために、信徒の皆さんに確信を持って伝えられないことがありました。それは自殺した人、そしてキリストを信じることなく死んでいく人は地獄へ行く、クリスチャンではないあなたのご先祖は、今地獄にいます、ということです。そして現在でも、ほとんどのキリスト教会ではそう教えているはずです。積極的に言わなかったとしても、この点については、できるだけ触れることなく、むしろ避けてきたテーマだと思います。

しかしながら、何十年もの間、私はどうしても、人々にそのように伝えるのを心の奥底で納得することができずに、躊躇《ちゅうちょ》していました。

果たして本当にそうなのだろうか。そんなことってあるのだろうか。

聖書は「神は愛である」と説きながら、「はーい、イエス・キリストを知る機会がなくて残念でした、あなたは地獄です」と言って、それぞれの人生や状況に何の考慮もなされず、人間をお造りになった、いわば親のようなお方である神が、子どもである人間をパッと投げ捨てるように地獄に送る……。

それが「愛」である神のお姿なのだろうか……。

イエス・キリストは十字架の上で、「この人たちを赦してください、何をしているのか、わからずにやっているのですから」と、今自分を殺そうとしている人たちの罪でさえ、赦して欲しいと天の父なる神様にお願いしました。

ましてや、生きている間に、キリストのことをどんなに知りたいと願ったところで、その機会をただの一度も与えられずに死んでいった人を、ただ、知ることができなかったというそれだけの理由で、地獄に送るなどということをなさるだろうか。

もしそうだとすれば、日本の私たちのご先祖はみんな地獄へ行っているではないか。私だけ、イエス様を知る機会が与えられ、それとて、今のこの時代、こうして知る機会ができるまで、両親はじめご先祖が今日まで営んでくれたこの環境があったからではないか。その恩恵は、ここまで命のバトンタッチをしてくれた先祖がいたからなのだ。それなのに自分だけ天国へ行って、先祖は全て地獄に行くのか。

キリスト教国と言われる欧米のように、大昔から、何らかの形でイエス・キリストのことを知る機会が等しく与えられている国ならまだしも、一度も福音（神様からのグッドニュース）を聞かずに死んでいった日本人の魂の数は、限りなく100パーセントに近いことになる。ということは、私たちは、先祖のほぼ全てが、地獄にいる民族だということになるではないか。

「私の先祖は一人残らず地獄に行きました。でも、イエス・キリストに罪を赦してもらったので、私だけは天国に行けて、幸せです」
にっこり笑って、そんな風に言える人がいたとしたら、それこそ、恐ろしいと感じるのは、私だけではないでしょう。

牧師として生きることができた人生を振り返った時、「我が人生に悔いなし」と言えるほど幸せです。しかし正直に告白すると、そこには同時に、常に受け入れがたい自分の姿がありました。それは、これまで自分が学んできたキリスト教界での教えに従って「自殺した人、地上でイエスを受け入れず死んだ人は全員地獄に行くのだ」と伝える自分の姿でした。

私が積極的にそのように伝えてこられなかったのは、そのためだろうと思います。教わった通り、信徒に地獄について伝えている、牧師としての自分の姿を想像するだけで、得体の知れない違和感を覚えてきたのです。

私は生まれた時から両親共にクリスチャンでした。父が牧師でしたからその影響もあり、6人いる兄弟姉妹も全員がクリスチャン、つまり典型的なクリスチャンホームで育ちました。しかし、私の牧会する大和カルバリーチャペルにおいても、家族でクリスチャンは自分一人だけ、という方がたくさんいらっしゃいます。

全国の教会で見ると、私のように家族皆がクリスチャンという家庭は、むしろ極めて少ない方だと思います。家族だけではなく、親族全て含めても、自分が唯一のクリスチャンだという人は相当いらっしゃることでしょう。その人に対してキリスト教会が発してきたメッセージは「亡くなった家族は地獄へ行っていると思え」ということなのです。

家族全てが、当たり前にクリスチャンだった私は、そう言われる人々の辛さを一体どれほど理解できていたのか、考えると今さらながらに恐ろしくなるのです。

イエス・キリストを知らずに死んでいった少年へ

ここに1枚の写真があります。

昨年、ローマ教皇が来日した際にたくさんの人々に配られたものです。一度は目にされた方も多いと思います。

「焼き場に立つ少年」というタイトルが付けられています。

長崎に原爆が落とされた後、焼け野原に直立不動で立つこの少年。彼は、すでに息を引き取ったであろう幼い弟を背負っています。両親もこの時、すでに亡くなっていたのでしょうか。

自分たちの価値判断、自分たちなりの正義、大義名分を盾に、人間が引き起こす「最も愚かな行為」の極みが戦争でしょう。

人間の立場、文化、価値観はそれぞれです。それぞれの立場・文化・価値観に基づき、自分としてはもっともらしい理屈を相手にぶつけることができます。戦争を決定し、そこへ突き進むことを決める為政者たちは、人の生き死にを決めるのと同じことをするのです。神から与えられた命。しかも正直に生きる多くの人々の命を奪うことになる戦争を行うという判断は、人間に許された範囲を超えて、本来、命を造り出すことのできる神の領域であるはずです。

「焼き場に立つ少年」（ジョー・オダネル撮影）

善悪の判断を神のものではなく人間のものとした時から、人類に世界平和が来たことは一度もないのはそのせいです。罪人の性質を持ったまま、権力を握った者は、自分が神のようになった気分になり、人間の範疇《はんちゅう》を超えた判断を下し、多くの人々を死に追いやるのです。過去の戦争のほとんどがそうでした。

そしてその犠牲になるのは、いつもこの写真に写っているような人々なのです。

この少年がこの後どうなったか、わかりません。
あるいはこのすぐ後、弟や両親のように亡くなったのかもしれません。

写真の少年はイエス・キリストを知らなかったことでしょう、もちろん、彼の背中で息を引き取っている弟も。

彼らは、地獄へ行くのでしょうか。

戦争で死んでいった人々
突然の災害や事故で死んでいく人たち

病気で、生まれてまもなく死んでいった幼い子どもたち……
お国のためと教えられ、祖国のために戦って散っていった青年たち
世間の誰からも顧みられず、孤独死していく人たち

耐えきれない、抱えきれない苦しみや悲しみを背負い
絶望の中で「自死（自殺）」という選択しかできず死んでいった人々。

キリストを知る機会さえなく、死んでいった魂を
容赦なく地獄へ投げ捨てる方、
それが、私が70年も命を捧げてきた神であるはずはない。

私自身、本当の答えを、キリスト教界ではなく、聖書に求めてきたのです。

遺された家族、周囲の人へ伝えたいこと

実は約20年前、私はこの件について、キリスト教界のある研究会で発表したことがあります。

最大の繊細さと敬意をもって、聖書と向き合った時にはっきり見えてくる、神の愛の果てしない大きさ、高さ、深さ、広さ。それを知った時にさらに奥に見えてくる、聖書の中で神が啓示する死後の世界に関してです。

自殺した人も、キリストを知ることがなく死んだ人も、地獄へ行くのではない。
それは「よみ」（漢字では黄泉、陰府とも書かれます）なのである。
そう発表したのです。

20年前、私が「よみ」について発表した時、私の周囲では思いがけない現象が起きました。

「実は私は子どもを自殺で失いました」「私の家族も自殺しています」と、一人、また一人、今も消すことのできない人生の苦しみの原因となっている、辛い体験を打ち明けるクリスチャンが現れたのです。

故人となった近親者が罪人扱いされることを恐れて、事実を誰にも言えず心の底にしまって、その上から固く蓋《ふた》をしてきた人たち。そのような人たちが次々と、心の傷を私に打ち明けてきたのです。涙を流し嗚咽《おえつ》をあげながら語る彼らの話に耳を傾けるうち、私の頬にも後から後から涙が溢れ伝いました。

「いつか教会の人たちに知られるかもしれない」と、何かの悪事を隠しているかのような、そんな思いを抱えた人たち。教会で自殺者が地獄へ行くと聞かされるたびに、その言葉は彼らの傷ついた心を一層苦しめたことでしょう。

ああ、一人苦しんできたこの人たちに、私は、教会は一体何をしてきただろう……

何もできなかっただけでなく、その傷をえぐり続けてきたのだ、そう思うと、涙が止めどなく溢れました。

そして、心の奥に秘めざるを得なかった苦しみを吐き出し、分かち合えたことで、彼らの心の傷は、きっと癒《いや》されたのでしょう。愛する人の死を、ようやく本当の意味で受け入れることができたのだと思います。そして私も、共に亡くなった人たちの魂の救いを心から祈ることができたのです。

彼らと共に流す涙は同時に、「クリスチャンになれずに死んで行く者、自殺した者は地獄へ行く」と言わなくてはいけない、その思いの中で深く傷ついていた、牧師としての私自身の心を癒してくれたのかもしれません。

あの時の、言葉にならないほどの幸福感。牧師になって本当に良かった、心の底からそう感じました。それまで一度も味わったことのない体験でした。

私が20年前に発表したことは、私の個人的な希望や感情的な思いからなどでは決してありません。長年触れてきた聖書を、改めて学生と同じ心で勉強しなおし、国内外の様々な書物や研究書をくまなく調べ、その上で十分な根拠に基づき、自ら納得し、大きな決意を持って発表したものでした。たくさんの共感を得られると信じて……。

しかし、キリスト教界は大騒ぎとなりました。一種のスキャンダルと言えばよいでしょうか。

どの分野においても、良い意味でも悪い意味でもしばしば「日本における業界は狭いね」と言うものです。人口比、わずか1パーセント未満という小さい小さいキリスト教。しかもその中で教会に従事する牧師や宣教師などの数はさらに小さな集団です。しかし、そのサイズの大小にかかわらず、「業界」のリーダーの見解や考え方は、その業界全体にとって大切な文化となり、そこから様々なものが生み出され、また影響を受けていくものです。気がつけばそれまで親しくしていた牧師仲間も、一人、二人と私の周りからいなくなっていました。

その時以来、私はこの確信を自分の心の中にしまうことにしたのです。地動説を唱え、裁判にかけられ、自らの説を公に否定することを要求され、一人「それでも地球はまわっている」と呟《つぶや》いたというガリレオのように。

なぜなら、日本で一番大きな祝福を受けたプロテスタント教会の牧師という立場だけに、公にも注目されることが多いため、私の発言で、この2500人以上いる教会の信徒の心に傷を負う人がいてはいけない、そう感じたからです。実際にそのような声が私の耳にも届くようになっていました。

しかし一方で、その確信は時と共に私の中で深く大きくなっていったのでした。

春馬さんとの出会いで決心することができた

聖書の字面《じづら》を理解するだけで精一杯だった若い時から、年齢を重ね、自らも「死」というものが間近に迫るに連れて、この命を与えてくださった神の愛の果てしない大きさ、深さ、高さ、広さを感じるようになればなるほど、気づきと思いは私の中で確固たるものとなっていったのです。

ヨハネによる福音書第3章に、それを確信させる神の言葉があります。

「神はそのひとり子（イエス）を賜《たまわ》るほどに、この世（人間）を愛して下さった。それは御子（イエス）を信じる者が、ひとりも滅びないで、永遠の命を得るためである」

そうです。私たちを造られた、私たちの親である神は、私たちが一人でも滅びるなどということが耐えられないのです。それほど私たちは愛されているのです。

また別の聖書箇所では、イエスは自分が飼う羊が100匹いて、その中のたった1匹が迷子になったら、99匹をまず置いて、その1匹が見つかるまで探し出される、と書いてあります。

私たち人間を一人残らず救いたいお方。

ご自分の手元、つまり天国へ戻したいと願うお方。

そのために、大切なひとり子イエスを、私たちの罪を消すためにこの地上に送られ、十字架にかけられたお方。

それが天の父なる神なのだ。

このまま、私の牧会人生を終えるわけにはいかない……心にしまってきた思いが溢れ出そうになっていました。

まさにそんな時に、三浦春馬さんとの出会いと別れが与えられたのです。

彼の死を知らされたその瞬間、私の中で忘れかけていた、いや、自分の中に閉じ込めてきた、20年前のあの時の涙と幸福感がまるでフラッシュバックしたかのようによみがえったのです。最も傷ついた人たちと共に流したあの涙と、神を愛する自分の魂に正直に向き合った、あの感覚が。言葉にすることは難しいのですが、その時、私の中で古い何かが崩れ去り、新しい何かが始まったとしか言えない、そんな感覚に包まれたのです。

地上でもっとも蔑《さげす》まれ、傷ついた人々に寄り添い、そして彼らを決して見捨てることがなかった、それがお前が愛し、誰よりも尊敬するイエスの姿だったではないか！
お前は、イエスをお手本に生きると言ってきたのではないのか！
もう恐れることも、迷うこともない、
どのような非難や反対にあおうとも……
20年前と違って、もうこの教会は大丈夫だ
立派に育った副牧師たちが、命をかけて牧会を守っているではないか！

私に残された時間の中で、この出会いと別れを無駄にするわけにはいかない……。

私はあれから、聖書とキリスト教会の歴史をもう一度、真っさらな子どものような思いで勉強しなおしました。

そして、今、はっきりと、人生をかけて伝えなければならないと思っています。この地上でイエスと出会うことがなくても、どんな死に方をしても、死後そのまますぐに地獄へ行く人はいないのだ、ということを。

彼らが今、いるところ。

それは「よみ（黄泉、陰府）」という場所なのです。

第３章

「よみ」とは どんな所ですか？

聖書が言う「死」とは

よみとはどんな所かをお話しする前に、「死」が聖書でどのようなものだと定義されているかを知る必要があります。

「人間には、必ず一度死ぬことが定められている」

（ヘブル人への手紙　9章27節）

これは聖書の言葉です。

一度？

死は当然一度でしょ？

ほとんどの人がそう思うことでしょう。

でも、そうではありません。それを知るためには、そもそも「死」とはどういうことなのかを知る必要があります。

死とは、肉体と魂が分離することを言います。

聖書の創世記には、人間は神の創造によって土から造られたと記されていますが、死ぬと肉体はもとあった姿の土に帰ります。しかし、魂はそこでなくなるのではなく、この地上から別の場所へ行きます。その意味では、私たちは「肉体を持った魂である」と言えるかもしれません。「肉」としての存在と、「霊」としての存在がある、とも言えるでしょうか。なので、私たちが地上で出会い絆《きずな》を結んでいる相手とは、実は生きている時からその人の「魂」と交流しているということになります。

体は役目を終えると土に帰りますが、一方、肉体から離れた魂には続きがあるのです。

「必ず一度死ぬことが定められている」という「一度」とは、この肉体の死のことを言っているのです。

「死んだら全ては終わり」というのは、死後の世界がない、という大前提があって初めて成立する理屈です。その理屈にたてば、生きている間に何をしても、どのような生き方をしても、死んだらそこで全て終わり、ゲームオーバー。だから、生きているうちに、やりたい放題好きなように生きる、という考え方ができるのです。

しかし、聖書だけでなく、他のほとんど全ての宗教では、必ず死後の世界があることを示しています。

世界各国で昔から、「臨死体験」と呼ばれる、科学では説明し難い体験をした人たちもいますが、そのような例は極々限られたものです。つまりほとんどの人が、死んだ後の世界をはっきり見たわけでないにもかかわらず、世界中ほとんどの民族や宗教で死後の世界があると普通に信じられているのは、改めて考えてみると不思議なことです。

ですから、人間はもともと「死んだ後も、何か続きがある」と、「なんとなく」知っているのではないでしょうか。

亡くなった人とのつながりや、目に見えないものの存在を感じたり、まだ起こっていない未来を信じることができるのも、そもそも人間に備わっている資質なのかもしれません。

肉体と魂を備えた人間が地上での時間を終え、肉体がなくなって土に帰っても、魂が残ってどこかに行くということは、「死んだらそれで終わりなのではない」ということに他なりません。人間はそのことを、誰に教えられなくとも、なんとなく感じとることのできる生き物なのです。

聖書もその通り、人間は死んだら、最終的には「神の世界に戻る」のであるということを示しています。いや、「人間をお造りになった神が、愛する人間を必死でご自分の世界に戻れるよう導かれている」と表現する方が正しいでしょう。

魂の行き場所は、天国と地獄だけではない

「死んだ後、どうなるのか」ということはとりも直さず、地上の時間を終え肉体から離れた「魂がどこへ行くのか」ということであると、想像していただけたでしょうか。

死んだ後に行く所、と言われて、私たちの頭に真っ先に思い浮かぶのは「天国」と「地獄」です。私たちは小さい頃から「悪いことをすると地獄へ行くよ」と大人から聞かされて育ってきました。

だから、それとは逆に「良いことをたくさんすれば天国に行ける」と信じて、自分

なりに考えて「良いこと」をしようと心がけるものです。人に親切にすることや、一生懸命働いて家族に尽くしたり、様々な奉仕活動やボランティアに参加したり、慈善団体に寄付をしたりする方も多いでしょう。

マイクロソフト共同創業者のビル・ゲイツ氏は、自らの財団を通して、私も罹《かか》ったマラリアを撲滅するためにこれまで20億ドル以上を寄付しているそうですが、今回新型コロナウイルスのワクチン開発のためにも、奥様が3億ドル以上を新たに寄付したという記事を見ました。

本当に素晴らしいことだと感じます。どのような形でも、人に親切にする、喜ばれることをする、人のためになること、社会の役に立つことをすることはとても大切で尊いことです。

そして「地獄へは行きたくない」、一人残らず私たち全員がそう思っているでしょう。生きている間に悪いことをすると、地獄へ行く。だから、できるだけ悪事とは関係なく生きていこう。

私たちのほとんどは、そのような思いの中で生きているのだと思います。

天国＝良い所
地獄＝悪くて怖い所

天国と地獄。地上の時間を終えた後に待っているのは、この二つ。はっきりと見たことはなくとも、死んだ後の行き場所に関して、多くの人々の頭の中ではこんな風な構図が出来上がっているはずです、まるで二者択一のように。

だとすると、どんな人でも、当然良い方、つまり天国へ行きたいと願うものです。愛する人に先立たれたり、幼くして子どもを亡くした時、「絶対天国に行って欲しい、そして、天国でまた会いたい」と人は願わずにはいられません。私は冒頭にお話しした通り、実に多くの方を天に送る葬儀を行ってきました。

愛する人とこの地上での最後のお別れをするご家族に、数限りなく寄り添ってきました。

天国に行って欲しい。

そして天国でまた会える。

それが愛する人を送り出す葬儀で100パーセント皆さんに共通した思いです。

愛とはそういうものなのだと思います。

死んでも終わりではないと、またきっと会えると、そう信じたい心……。

では天国とは、地獄とはどういうところなのか。

そしてどうすれば天国へ行け、地獄へ行かなくて済むのか。

その答えをはっきりとした根拠をもとに示されたことはあるでしょうか。この問いに「はい」と答えられる人に、今まで私はお会いしたことがほとんどありません。何かのテレビ番組で若者が僧侶の方に「死んだらどうなるのですか」と質問していたのを、たまたま見たことがあります。

その僧侶の方は「私もそれはわかりません」と答えられていて、「正直な方だなー」と思わず微笑《ほほえ》んだことがあります。

しかし、これは、笑って通り過ぎるべき問題ではありません。

なぜなら「死んだらどうなるのか」を知ることは、「どう生きるのか」と直結するからです。


ほとんどの人は、この疑問を常に心に抱えて生きているのではないでしょうか。漠然とした不安を胸に押し込んで、本当は、しっかり見つめなければいけない、それを知ることが、この人生を生きる上でどれほど大切なものか……そうわかっていても、考えたところでどうせわからないことだから、あえてそこにフォーカスしなくても、目をそらして生きている……。

納得したり、確信させてもらえるような答えを誰からも与えられることなく、「それでも仕方ない」と半ば諦めながら生きているのです。

いつか、自分も死ぬのだろうと思いながら、そしてその後があることはどこかで感じながら、でも、その答えを知る術《すべ》がわからないまま生きているのです。

三浦春馬さんは、演じる役をとことん突き詰める方であったと知りました。お仕事の上でも、他者との関係においても誠実で真剣であったと、彼が亡くなった後、お付き合いのあった多くの方々が彼の人間性を口にしています。私の教会にいらした姿を思い出しても、それをうかがい知ることができます。

真剣に生きることを考えて、自分の生を突き詰めた時、私たちは「死んだらどうなるのか」「次はどこかへ行くのか」を知らずにいられなくなるのではないでしょうか。

罪の本質とその代価

人間が生まれながらに持っている罪（原罪）、それは最初に創造された人間の第一号であるアダムの時に始まりました。神様に創造された最初の人間であるアダム。彼が創造主である神と共にエデンの園で暮らしていた時に、彼にはどんなことをしても良い権利と自由意志が与えられていました。

しかし、「これだけはしてはいけないよ」と、神から言われたただひとつの禁止事項がありました。それは「善悪を知る木」になる実を食べること。しかし、人間を神の世界から引き離そうとする悪魔に「それを食べれば神と同じようになれるから」とそそのかされ、アダムは妻のエバと一緒に、木の実を食べてしまいます。

木の実を食べた結果、善悪の判断を自分たちでするようになった途端、人間は神を必要としない世界に生き始めることになります。創造主である神に背を向け、自分なりの価値判断を一番の中心に置く……今の私たちの世界がその時に始まります。

光である神と離れ、闇の世界で生きる時代が始まったのです。それ以来、人間に「世界平和」が訪れたことは一度もありません。

つまり、聖書は「罪とは、我々を造られた神に背を向けて、神から離れて生きること」と説くのです。親の思いを無視して生きる子どものようなもの、と言い換えればイメージしやすいかもしれません。

私たち人間にアダムから脈々と受け継がれてきた「神に背を向ける原罪」。それに加えて、罪の性質を持っているからこそ、私たちは生きていく中で毎日、罪を犯してしまいます。その中には意識して犯した罪、無意識に犯してしまう罪もあります。

そして聖書は「罪の代価は死である」と説いています。

してはいけないという言いつけを破ってしまった我が子を、お尻を叩いてお仕置きをしたくなるのが、私たちです。しかし、神はアダムが罪を犯し、自分から離れていった直後に、救いの方法を宣言します。人間を造られた親である神は、闇の世界に落ちていってしまった大切な我が子である人間を、必ずもといた自分のところに戻したかったのです。そして「お前たち人間の罪を帳消しにしてくれるメシア（救い主）を送るよ」と約束します。

罪の性質を受け継いでしまった「人間の種」によらない、ご自分の「霊の種」から生まれる者をメシア（キリスト）として人間の世界に送ることを宣言するのです。聖書を貫く神の「人類救済計画」がこれです。

そしてその約束通り、処女から生まれたのがイエスです。

ここまで聞いて、「処女が子どもを産むなんて」と、思われる方もいらっしゃるでしょう。そのように思うのは、人間の世界では当然のことで、実に多くの人が持つ疑問です。

しかし、私たちのこの世界、宇宙の存在そのものは、私たちの想像を遥かに超えたものです。そもそも、人間の知識や科学などでは私たちの生きている世界のほとんど全てが理解不能な、説明のできないものなのです。

近隣の星にロケットを飛ばせるほど文明や科学を発達させ、地球を何度も壊すことのできる核兵器を作り出した人間ですが、生命に関しては、まだまだ葉っぱ1枚、単細胞の微生物ひとつ造ることはできません。

命とは、それほど、超自然的に生まれるもので、神秘、つまり神業《かみわざ》の秘密なのです。

地球で最も古い書物、『聖書』

イエスは、そのような人間の罪をもとからきれいにするために、何千年も前から聖書で預言されていた通りに、預言された町で生まれ地上に現れました。

「聖書は揺るぎのない神の言葉である」と信じてきたイスラエルの民は、イエス・キリストが生まれる前までは、罪の贖いをするために、聖書で神が命じる通り太古から子羊を生贄《いけにえ》として捧げてきました。自分の罪を子羊に移して、自分の代わりにその命を罪の代価として屠《ほふ》ってきたのです。

しかしどれほど動物の生贄を捧げようとも、罪の性質を根本から取り除くことのできない人間には際限がありません。永遠に生贄の動物を屠り続けなければならないのです。

数限りなく、永遠に生贄を捧げ続けなければならない人間に、たった一度の犠牲で罪を贖うために終止符を打つ。人間の全ての罪を引き受け、その罪を釘付けにして、生ける捧げ物として自らを十字架にかけたのが、イエス・キリストです。そのイエスを信じて受け入れることで、罪が消されると聖書は説きます。

人間の社会でも、罪を犯して服役している人の犯罪歴が、国家元首が亡くなった時などに施される特別な恩赦や特赦という制度で、「罪がなかったこと」にされる場合があります。それは、許されて刑務所から出てくる、というレベルではなく「初めからその罪がなかった」ことになるという制度だそうです。

それと同じように、過去の罪が全てなかったことになる、犯罪歴を示した書類が真っ白にされる、そのようなことがなければ、天国には行くことができない。「過去の罪が全て赦されること」、それが聖書が説く「天国へ行くことのできる資格」です。

私の罪を背負い十字架にかけられ、死んでくださったイエスを救い主と信じ受け入れ、悔い改めることで、私たちの罪は赦され、罪のない者として神のもとに帰る、つまり天国へ行くことができる。地球で最も古い書物であり、預言者を通して語られてきた「神の言葉を記した」聖書はそう説いています。

「よみ」とはどんな所

「よみ」は漢字で「黄泉」、または「陰府」と書きます。日本人、特に若い世代の人にはあまり馴染みのない言葉かもしれません。

聖書でも「よみ」もしくは右の漢字が使われていますが、本来はひとつの同じものですので、表記も統一するべきでしょう。

数年前に「黄泉がえり」という映画が日本で作られましたが、その映画で使われていたのが、この「よみ」です（私自身は観ていませんが、亡くなった人の魂が、ある一定の条件でこの世に戻ってきて、家族などと交信するというような内容だったかと思います）。

前述の通り、天国は罪が赦された人が行ける所です。

なので、この地上でキリストによって罪を清められた人は、死ぬと同時に天国へ行くことになります。

しかし、赦される機会がなく死んでいくと、どうなるか。

その人たちが行く所が「よみ」です。ヘブライ語で書かれた旧約聖書では「シェオール」、ギリシャ語で書かれた新約聖書では「ハデス」という言葉で表されていますが、両者は全く同じものです。

イエス・キリストが生まれる前の時代、どれほどの義人であっても、死んだら「よみ」（シェオール）に行くと記されています。神の住まわれる「天」はあっても、そこへ行くわけではなく、良い人も悪い人も、例外なく「よみ」（シェオール）に行くのです。

よみの世界の存在は、イエス誕生後も、聖書の世界では一貫して記されています。天国へ行く前の段階の場所としてハデス、つまりよみの存在が書かれているのです。

では、死ぬと天国に行く人と、あと残りの人全部がよみに行くのであれば、地獄に行く人はいないのではないか、と思われるでしょう。

聖書もその中で地獄の存在を伝えています。しかしそれは、多くの人が信じ、またこれまでのキリスト教界が教えてきたように、人が死んですぐに行く場所ではありません。

聖書は、私たちが神に背を向けて生きる現在の人間世界に、終止符が打たれる時が来ると唱えています。いわゆる「終末」です。終末という言葉からは、この世の終わり、恐ろしい、人類が滅亡する「最後」というイメージを持たれるかもしれませんが、そうではありません。

人類が作り上げた、人間が人間を治める今の残酷なシステムがリセットされ、絶対的な愛である神が治める新天新地が訪れると預言しています。

終末の時を経て新しい世界が訪れる前に、ひとつの儀式があります。それは、よみにいる人たちが一斉に外に出され、神の前でこれまでの全ての行い、そして、思いに対してなされる裁きです。これが、最後の審判です。この最後の審判で、よみの世界で過ごした時間を経てもなお、神に背を向け敵対するままの者たちが、最終的に投げ捨てられるのが、「永遠の炎の池」である、聖書はそう預言しています。

ちなみに、炎の池こそが地獄であり、神はこの世の初めから、炎の池を用意しています。その一番の目的は、私たちが住む現世の闇の世界で人間を支配してきたサタンを、この最終審判の後で投げ捨てる場所として、用意されているのです。

「炎の池」イコール「地獄」は、聖書の中ではギリシャ語の「ゲヘナ」という言葉で表されています。

本章の冒頭に、「人間には、必ず一度死ぬことが定められている」という聖句を記しましたが、最後の審判を受け、ゲヘナに投げ込まれること、それが、魂の永遠の死であり、二度目の死なのです。それは「魂が永久に神と断絶されること」を言うのです。

つまり、聖書でハデス・シェオールと表現される「よみ」は、わかりやすくたとえるなら、裁判の判決が下りるまで待っているところ、病院で言えば診察を受ける前の待合室、のような場所と言えばよいでしょうか。

地上社会でも、罪を犯すと逮捕され勾留されますが、その人の刑が実際に確定するのは、裁判で有罪になってからです。有罪になる前に裁判において、反省の弁を述べたり、申し開きをしたりする機会が与えられます。

魂にもそのような場が与えられます。それが最後の審判なのです。

ということは、この全てのプロセスを終えることなく、人間は死んですぐに地獄に行くことはないのです。つまり神はその聖書の言葉の通り、私たちを最後の最後まで愛してくださり、一人の魂も滅びることを望まず、地獄行きを最後の最後まで回避できるようそのプロセスをご用意してくださっている、ということなのです。

心配するな。私があなたと共にいる。私はあなたを愛している。私の目にはあなたは高価で、尊い。

（イザヤ書　43章4節～5節）

神はそのひとり子（イエス）を賜るほどに、この世（人間）を愛して下さった。それは御子（イエス）を信じる者が、ひとりも滅びないで、永遠の命を得るためである。

（ヨハネによる福音書　3章16節）

一人も滅びることがないように。ということは、一人も地獄に行くことがないようにと、願っていらっしゃるということなのです。

よみの存在について、皆さんの中でイメージできたのではないでしょうか？「なるほど、ということは、あの人もよみにいるのかもしれない」、そう感じられたことでしょう。

つまり、肉体から離れた魂は、まだ永遠の死を迎えることなく、よみの世界で最後の審判を待っているのです。

そして聖書の中には、天国は「昇る」ところと、よみは「下る」ところと表現されています。よみとはそういうところなのです。

聖書に基づけば、イエス・キリストを地上で信じ、受け入れることで、罪がきれいに消されて天国へ行くことができます。しかしそうではなく死んでいった人の魂は、未だ滅ぶことなく、ハデスで最後の審判の時を待っている、ということになっています。

聖書に書かれてあることを、まさに「文字通り」受け止めた時、人は地上での時間

が終わった時、
1　罪を消された者は天国へ昇る
2　それ以外はハデス（よみ）に下り、最後の審判を待っている
この二つしかありません。そして最後の審判を経て地獄へ行く魂が定められるのです。

よみの世界は皆同じではない

裁判の判決を受ける前の場所、病院の待合室という表現でイメージしていただいたよみですが、そこにはどれほどの魂が待っていることでしょうか。私たち日本人のご先祖たちの多くの魂もそこにいることでしょう。

よみに関して、それが具体的にどのような場所であるか、聖書には多くの記述がありません。しかし、たくさんの魂がいる場所であろうよみの中にも、慰めを覚えるようなところと、苦しみを受けるようなところがあることが記されています。

それは生きている間の、その人の生き方や、行い、罪の深さなどによるようです。多くの罪を犯して死んでいく人よりも、素晴らしい生き方をしながら、イエス・キリストを知らずに死んだだけの人の方が、よみの中でもより居心地の良い場所にいることは、正しい神のなさることとしては当然な気がします。

間違った生き方をし、よみの世界で苦しみを味わうことになる者でも、その命を最終的にどうするかは、命を与えてくださった創造主の仕事であるということがわかります。「復讐してはいけない。復讐は私がすることだからだ」という聖句の通りです。「人を裁いてはいけない」と私たち人間に命じる神の愛が一貫しているのです。人間の命を裁くのは、最終的には神の領域なのです。

ここまで理解した時、次に湧き上がってくるのは「では、よみにいる人たちはどうすれば、最後の審判で罪が赦された者として、天国に行くことができるのか」という疑問です。地上でイエス・キリストと出会い、自分は天国へのパスポートを持ったとしても、神の国で愛する人たちと会う方法がないのか、そう考えると、どうしても幸せな思いになれない、それが多くの人の偽らざる気持ちでしょう。
しかし、安心してください。聖書に書かれてある通りです。神はそのような人たちをも、最後の最後まで救う道を備えていらっしゃるお方だからです。

「神はそのひとり子を賜るほどに、この世（人間）を愛して下さった。それは御子（イエス・キリスト）を信じる者が、ひとりも滅びないで、永遠の命を得るためである」

このように全人類を、良い子も、悪い子も、等しく愛される、無限の愛を持つ神様の、私たちは子どもなのです。神様はどの子も等しく愛してくださる方なのです。
たとえば自分に10人子どもがいるとしましょう。その中で常に親と心を通わす子どもが5人、その他は放蕩《ほうとう》息子、放蕩娘だった。だからといって自分に従順な子どもだけ天国へ行って、そうではない残りの子どもたちは地獄へ行ってもかまわないと思う親はいません。人間でさえそうなのですから、私たちを造られた方が、そう易々《やすやす》と私たちを諦めたりはしないのです。

私たちは、そのような方に愛されている存在なのです。

だから大丈夫です。よみの世界に行っているあなたの愛する人にも、とてつもない希望があります。

人間を愛してやまない神が、イエスを通して、最後まで、全ての人間を救うために素晴らしい方法を備えているからです。

第4章

永遠の命、
そして復活

聖書に書かれている意味・他の経典との決定的な違い

これまで聖書が説く死後の世界、特によみの存在について皆さんと共に分かち合ってきました。

死後の世界のことについて「聖書はこう語っています」と、お話ししても、そもそも「聖書が何であって、どのようなものか」、そして、どれほど信頼できるものであるかが曖昧《あいまい》なままだと、そこにどう書いてあろうと、「ただ書かれているだけ」と受け止められても仕方ありません。

しかし、聖書がどれほど、否定のできない、まさに真理が記されている書物であるか、そのことを知ると、そこに書かれてあることは「その通り！」という確信に変わります。

この地球のありとあらゆる「宗教」が、人間によって作られたことは歴史で証明されています。そしてそのそれぞれに、教えのよりどころとなる書き物「法典、経典」があります。

イスラム教も、7世紀にマホメットが創始した宗教です。その教えの中には、聖書の中で「信仰の父」と呼ばれるアブラハムも、そして、イエスも出てくるのです。仏教もヒンズー教も、開祖は人間であり、哲学の極みと言える「悟り」により、人間の世界を、人間の側から説いたものです。

仏教はその宗派によって、よりどころとしている経典はそれぞれ別のもので、どの宗派にも「絶対的唯一の存在」としての経典は存在しません。しかし、その教えの中には私たちが生きていく上で大切な教訓、箴言《しんげん》が含まれています。

一方、聖書というものは、他の宗教の法典、経典とは明らかに異なる特質を持っています。

他と違い、聖書は一人の人によって書かれたものではありません。執筆したのは40人以上。執筆者は、王様から、預言者、兵士、漁師、学者など、実に様々な職業を持った人たちです。しかも完成するまで1600年もの年月を要しています。それにもかかわらず、その内容はまるで同一人物が手がけたかのような不思議な統一感に貫かれています。

「聖書は、神の霊感によって書かれた」と記されている通り、作者は実は一人、神であると、世界中で信じられているのはそのせいでしょう。

また聖書は、「神からのラブレター」と呼ばれ、人類へのメッセージに溢れています。

知れば知るほど、これは単なる宗教の本ではなく、人類にご計画を持つ創造主である神が、その言葉を預言者（予言者ではありません）たちに与えて書かせたものであるとしか言いようがなくなります。

そこにはまた、神のもとから離れた人間の地上世界が、最後にどうなるのか、そして人間を愛してやまない創造主である神が、私たちの死後、どのような形でその愛を貫くかが、聖書の最後に置かれた「ヨハネの黙示録」に信じ難いほど克明に書かれています。

この世の真理はどこにあるのか、人間はなぜ生まれてきて、どこへ行くのか……。そのことを知りたいと願う人であればあるほど、聖書が人類に与えられた究極の真理と秘密が記された「聖なる書物」であることを知ることになります。だからこそ『聖書』なのです。

印刷術どころか、紙さえない時代に、あれだけの文字数を誇る書物が、一字一句間違いなく何千年にもわたり写本という形で残されてきたこと自体が、まさに人間の力を超えた奇跡、神業だと言う他ありません。現在でも聖書は世界で最も売れている永遠のベストセラーであり、地球上に存在する最も多くの言語に翻訳されている唯一の書物です。

歴史に名を残す多くの偉人たちが、人生で一番大切にしているものとして聖書をあげていることも納得できます。

それほどの書物である聖書に記されていることだからこそ、これからお伝えすることが、どれほど信頼を置いてよいのか私は確信を持てるのです。

ひとつのテーマに関して、巷《ちまた》に溢れている様々な書物を引用して「あの本にはこう書いてある」「この本には別の意見が書いてある」というレベルではないからです。

だから、わからないことがあったら、迷うことに出会ったら、聖書にその答えを求めればよいのです。あなたが求めれば、必ず答えがあります。

いつも、いつも、バック・トゥー・ザ・バイブルです。

キリスト教会はなぜ、「よみ」の存在を伝えることなく、地獄と言ってきたのか

前述した通り、キリスト教界ではこれまで、肉体を持って生きているこの地上でイエス・キリストを受け入れずに、罪の贖いを受けることなく死んだ者は、そのまま地獄へ行く、と説いてきました。

天国に行くには、「罪が赦された、罪のない者でなければならない」と聖書が説くからです。それが、天国へ行く条件である、と。

天国に行けなければ地獄へ行く、というのは二者択一の世界です。聖書の中に、はっきりとよみの世界が記されているにもかかわらず、よみの存在を無視するかのように、このように伝えてきたのはなぜなのでしょう？

そこには、日本のキリスト教の歴史の中で、ある意味、とても気の毒としか言いようのない、深い事情があったのです。

ここまで何度か書いてきたように、本来旧約聖書はユダヤ人の言語であるヘブライ語で書かれ、一方、新約聖書はギリシャ語で書かれています。聖書が旧約・新約から成り立っており、しかも異なった言語で書かれていることを知ると、しばしば聖書が異なった二つのものに分かれているように思われます。

しかし、それは一貫して、一人の作者「神」による人類に与えられた計画書であり、壮大な、いわば大河ドラマの前編と後編のようなものです。

新約聖書が書かれた時代、つまりイエス・キリストが誕生した頃のイスラエルは、ローマ帝国が治めるいわば国際都市になっていて、公用語のようにギリシャ語が使われていました。ユダヤの民でもヘブライ語ができない人もいたようです。そのため、新約聖書がギリシャ語で書かれているのです。あまり歴史的に詳しいことをお話しするのは避けますが、この頃、70人の学者が旧約聖書をギリシャ語に翻訳したものがあります。新約聖書の中で、旧約聖書を引用する箇所がしばしばあったからです。

旧約聖書でよみは、「シェオール」と表現されてきましたが、その70人が全員ギリシャ語でシェオールを「ハデス」と訳しました。ということは、旧約・新約で一貫して、日本語で「よみと訳される場所」は、ギリシャ語とヘブライ語の違いはあっても、同じものを指していることがわかります。

イタリア語のｖｉｎｏ（ヴィーノ）と英語のｗｉｎｅ（ワイン）が同じものを意味するのと、同じことです。

実は、私たちが手にすることのできる、日本人のために日本語に翻訳された聖書の中では、この、シェオール・ハデスに関して訳がばらばらで、ひらがなの、「よみ」、漢字の「黄泉」「陰府」と表記するものが混在している状態です。中には、翻訳不能ということで「ハデス」というカタカナそのままを表記しているものもあります。

ハデス（よみ）とゲヘナ（地獄）

聖書は通常、旧約・新約がひとつの本として出版されています。ややこしいことに、先ほど述べた通り、シェオールとハデスは同じものであるにもかかわらず、同じ聖書の旧約の中でシェオールを「黄泉」または「陰府」と表記し、新約の中でハデスをひらがなの「よみ」と書いているものがあるほどです。

たとえば、パスタという言葉を日本語に翻訳しようとした時、私たちにも似たようなことが起こり得ます。現代を生きる私たちにとってはパスタと書けば、あ、それはパスタだな、と理解できます。生活の中にあり、見たことがあるからです。しかし、パスタを見たこともない時代の日本人にとって、それを訳そうとすると、たとえば、麺、うどん、そうめん、などが頭に浮かぶでしょう。

日本語の「よみ」の語源には諸説あるようですが、そもそも、ひらがなであれ、漢字であれ、シェオール・ハデスを日本語に変換しようとして、私たちの知っている言葉を当てはめようと使ってきたのが、「よみ」という単語なのです。

このような事情で、表現や表記に統一性がないのも当然なことと言えるでしょう。最近では、このことを理解した翻訳者による日本語訳聖書の中には、パスタをパスタと言うように、ハデスをそのままハデスと記しているものもあります。考えてみれば、これが一番正しい表記なのかもしれません。

翻訳というのは、本当に難しいものなのです。

さて、ここからが、本題になります。

ヘブライ語・ギリシャ語で書かれた聖書、そしてその聖書を信じる民は歴史の中でその中心が、イスラエルからヨーロッパへ移りました。これがキリスト教です。キリスト教は、以来日本に来るまで、西へ西へと伝えられていきます。「以後よろしく」などと多くの皆さんも日本史の勉強でゴロ合わせで覚えた記憶のある、１５４９年のキリスト教伝来。

当時はイエス・キリストに対する信仰そのものは伝えられましたが、現在のように誰もが聖書を読める時代ではありませんでした。それは中世のヨーロッパでも同様でした。今日、私たちが手にしている聖書の大本になっているのが、１６１１年、中世の時代に聖書の英語翻訳の基本となった「欽定訳」として有名な、キング・ジェイムス訳です。

当時、ヘブライ語・ギリシャ語から直接翻訳することのできる聖書学者が少なかったため、私たちの聖書のお手本になったのが、キング・ジェイムス訳だったと言えるでしょう。

このキング・ジェイムス訳において、ギリシャ語のハデスは英語のＨＥＬＬ（ヘル・地獄）と訳されてしまったのです。

最後の審判を受ける前に行く所、しかもそこは、生きている間にイエス・キリストを信じることができなかった人の魂が行く所。そこがヘル（地獄）となってしまったのです。

日本の聖書の大本となった英訳の欽定版で、本来天国や地獄とは異なる、独自の場所であったはずのハデスに、地獄であるゲヘナと同じ「ＨＥＬＬ」という訳語が当てられ、その理論的帰結として、「天国へ行けない人、すなわち、キリストによる罪の赦しを受けることなく死んだ者は、全て地獄へ行く」となってしまったという、この歴史的な事実を無視するわけにはいきません。

明らかな事実を知った上でも、なおハデスとゲヘナは同じところであると主張する人たちもいます。もっともこれは聖書をどう解釈するのかという、専門家の神学的議論であり、研究者によって様々な見解が存在するということは必ずしも神学に限ったものではありません。

しかし、ハデスとゲヘナが同じ地獄という場所であれば、わざわざ別の単語を使う必要はないでしょう。旧約時代からシェオール（よみ）という言葉が使われる文脈から見ても、両者を同じものと捉えるのには無理があると思います。

春馬さんが知りたかった「ラザロの復活」

さて、ここまできた段階で、もう一度、三浦春馬さんが役作りのために、私に質問をするメインのテーマとなったヨハネによる福音書11章を振り返ってみましょう。

ラザロは、死んで4日が過ぎていました。

古代のユダヤ人は、死んでも3日間は魂がまだ完全には肉体から離れずにいると信じていたようです。イエスがベタニヤの地でラザロのもとに到着したのは、すでにその時が経過していたのです。誰もが、ラザロは完全に死んだ、つまり、魂が肉体から離れてよみの世界に行ってしまったと信じている時であったことがわかります。

イエスはラザロを愛していました。

その愛するラザロの死を悲しみ、涙をする人々の姿を目にしたイエスは激しい悲しみを覚えました。そして、死後の腐敗が始まり悪臭がするでしょうと気遣う周囲の声に耳をかさず、死者の眠る場所へ入って行かれるのです。「わたしはよみがえりであり、命である。わたしを信じる者は、たとえ死んでも生きる」とおっしゃって。

ラザロは生き返りました。魂が肉体に戻ってきたということです。

それは死者の世界、つまり、よみへイエスが行かれて、魂に語りかけてくださったという結果だという他ありません。

では、このラザロが生き返ったことが「復活」にあたるのでしょうか。

確かにラザロは、よみから戻りました。まさに「黄泉帰り」をしたのです。しかし、生き返っても、いずれ肉体は滅びます。その意味では、また死んでしまいます。ならば、なぜイエスはこのようなことをなされたのでしょう。

それは、イエスはご自身が「死に打ち勝つことのできる方」であることを、人々の前でお示しになる必要があったからです。イエスを信じた者が、肉体が死んでも、魂が死ぬことはない、ということを人々に見せるためです。

人々の目に見せて、それを信じるようにするためなのです。To see is to believe（百聞は一見にしかず）というように、悲しいかな、私たち人間は見なくては信じることのできない生き物だからなのです。

聖書には、確かに永遠の命と復活が明確に約束されています。しかし、その復活とは、このラザロのように、生き返ることとは少々違います。では、永遠の命と復活とは、どういうことなのでしょう。

これこそ、あとせめてもう一度三浦春馬さんにお目にかかる機会があれば、どうしても知って欲しかったことなのです。

よみにまで行って、最後の最後まで福音を伝えるイエス・キリスト

イエスは地上で肉体を持って生きておられた時、ラザロの魂が眠るよみへ働きかけ、彼の魂を呼び戻され、「私を信じる者は、たとえ死んでも生きる」とおっしゃいました。

そしてイエスは、十字架にかけられ死んでからも引き続き、神を知らずに召された魂のいるよみへ、同じように働きかけをしていらっしゃることが、聖書の記述からわかります。

クリスチャンが、自らの信仰を言い表す祈りの中に「使徒信条」があります。

使徒信条

我は天地の造り主、全能の父なる神を信ず。
我はその独り子、我らの主、イエス・キリストを信ず。主は聖霊によりてやどり、おとめマリヤより生れ、ポンテオ・ピラトのもとに苦しみを受け、十字架につけられ、死にて葬られ、陰府《よみ》にくだり、三日目に死人の内よりよみがえり、天にのぼり、全能の父なる神の右に座したまえり。かしこよりきたりて生ける者と死にたる者とを審《さば》きたまわん。
我は聖霊を信ず。聖なる公同の教会、聖徒の交わり、罪のゆるし、からだのよみがえり、とこしえの命を信ず。アーメン。

何度も何度も繰り返し、教会でもまた家庭でも捧げる信仰告白なので、多くのクリスチャンは、まるで口ずさむようにほとんど暗記するほど心に刻まれたものです。
しかしあまりにも当たり前のように唱える信仰告白であるが故に、その一言一言、よくよくその意味を考えたり、最大の繊細さをもって受け取るということを、私たちクリスチャンはどれほどしてきただろうかと、反省させられるのです。

「死にて葬られ、陰府にくだり」とあります。

イエスは、人類すべての罪を背負われ、ご自分を罪だらけの者とし、その罪をご自分ごと十字架に釘付けにして、人類の罪の代価である生贄の子羊として死なれました。イエスが背負われたのは、私の全人生の罪です。そしてあなたの、いや、人間全ての罪です。自らを、最も汚らわしい罪の汚物だらけにして死なれたのです。
そして十字架の上で、自分を殺す者たちへの神の赦しを願います。「天の父よ、この人たちを赦してください。彼らは何をしているかわからないのですから」と。

イエスを信じて、イエスの前で悔い改めれば、その罪は赦される、そう聖書は説きます。

人間はなぜ、罪を犯すのでしょうか。

それは、自分が何をしているか、わからないからです。

何をしているかわからずに罪を犯す人間をも、一人残らず全て救う道を設けるために、イエスが救い主としてこの地上に遣わされたのです。

「わたしは道であり、真理であり、命である。だれでもわたしによらないでは、父のみもとに行くことはできない」とイエスは言いました。

罪の汚物にまみれながら、罪の塊《かたまり》として死んだイエスが行ったところは、地獄ではありませんでした。よみです。罪の塊のような存在になっても、死んですぐには地獄へ行かなかったのです。

では、死んでからよみがえる3日の間、イエスはよみで何をしていたのでしょう。

イエスは、十字架で死ぬ間際、「救いは完成した」と最後に叫ばれ、それからよみに下ったと聖書に書かれています。

私は若かった頃、尊敬する偉大な先輩牧師に恐る恐る、「先生、イエス様はよみで3日間何をなさっていたのでしょう?」と聞いたことがありました。その先生に「よみで、〝救いは完成した〟と宣言されるために行ったんだよ」と言われ「あ、そうですか。はい、わかりました!」と私は答えましたが、本当はちっともわかっていませんでした。納得もしていませんでした。

よみへ行って、イエスはそこで誰にも会わずに、一人で行って、そこで3日間、一人で過ごし、また戻ってきたのでしょうか……。

もしくは、数え切れないほどの、神が地獄へ送ることを望まない魂に「救いは完成した。君たちはその救いに漏れました、残念でした」と、残酷な通告をしに行かれたのでしょうか……十字架の上で、壮絶な苦しみの中、自分を殺そうとしている者たちの赦しさえ祈るのがイエスです。

神の愛がどれほど広く深いものであるかは、聖句「御子（イエス）を信じる者が一人として滅びることのない」ようにするほどのものです。それほどの愛である神が、生きている間に、御子イエスを信じるための機会さえ与えられず、死んでよみに行ってしまった人たちをそのまま放ったらかしにするでしょうか。

イエスを信じることなく死んだ人は、地獄へ行く。そう多くの牧師や宣教師たちは、伝えてきました。たとえ、よみの存在を認めても、そこから天国へ行く道は存在しない。つまり、この肉体が地上に存在する間にイエスを信じない者は、そこでゲームオーバーだと。

私には、どうしてもそうは思えないのです。無限大とも言えるイエスの愛の深さを感じる時、イエスは、決してそんなことをなさるはずはない、私は確信しています。

聖書にまさにそのことを伝える、証拠となる記述があります。

キリストも罪のためにただ一度苦しまれました。正しい方が、正しくない者のために苦しまれたのです。あなたがたを神のもとへ導くためです。キリストは、肉では死に渡されましたが、霊では生きるものとされたのです。そして霊においてキリストは、捕われていた霊たちのところへ行って宣教されました。

（ペテロの第一の手紙　3章18節〜19節）

彼らは、やがて生ける者と死ねる者とをさばくかたに、申し開きをしなくてはならない。

（ペテロの第一の手紙　4章5節）

そうです。イエスは、よみでも宣教されたのです。もし神の存在を信じる機会を与えられず亡くなった人がいたとしても、よみでその機会が与えられ天国に行くための判定（裁き）がもう一度あるのです。

私たちは亡くなった人のために祈ることができる

このようなはっきりとした、まるで宣言とも言えるほどの表現をしているのが、聖書のこの箇所だけである、という理由で、イエスがよみで死者の魂に福音を伝えていることを受け入れられない、という神学者もいます。

でも、聖書に1箇所でも書かれているのであれば、それが絶対的なものであると信じることができるのです。それが、聖書を通してその絶対的な愛を私たちに伝える神への応答です。

なので、希望があるのです。

私のおじいちゃん、おばあちゃんは、あんなに良い人だったのに、イエスを知らずに死んでいった……。

事故で、災害で、病気で突然亡くなってしまった、愛するあの人も、あの人も……。

心配いりません。

みんなよみの世界にいて、イエス様から福音の伝道を受ける時が来ます。その時に、彼らが福音を受けられるように祈ることが、私たちにはできるのです。

あなたがこの地上で、神の愛を知り、大きな愛の中で生きることの喜びを見せればよいのです。その姿を見せることが、よみにいる愛する人たちへの、何よりの祈りになる、私はそう信じています。

彼らが地上にいた時、イエスの愛を知った故に、どんな苦しみの中でも感謝で明るくプラスのエネルギーに満ちた人々にたくさん出会っていたら、きっと彼らもこの地上でイエスの愛を知りたくなったに違いないからです。

私も三浦春馬さんのために祈っています。


世の中には様々な宗教があります。

しかし、すでに述べた通り、聖書を信じることは宗教ではありません。

私たちを、そして、この世界全てを造られた創造主の愛を知り、それを受け入れることであり、その愛に思いきり甘えて生きることなのです。

そして、その愛を受けて生きることによって、最高に幸せである自分の姿を、家族や友人だけでなく、よみにいるご先祖にも見せることなのです。先祖に対するこれほどの恩返しはないかもしれません。

死後も魂は永遠に生きる

聖書をもとに、死と、その後に私たちがどこへ行くのか、をお話ししてきました。

死とは、「肉体から魂が離れること」で、その魂だけの存在となった私たちの罪が赦され、神の世界、つまり天国へ昇ることこそ、永遠の命を得ることである。聖書を通して、創造主である神が私たちに最後の最後まで向ける愛は、このように完結していくのです。

私を信じる者は、たとえ死んでも生きる……今なら、イエスが言ったその言葉の意味、なんとなく実感していただけるのではないでしょうか。

死者の世界にも希望がある。魂が永遠に生きる道がある。なぜなら、愛である神が私たちをよみから引き揚げてくださるからです。それは聖書の約束です。聖書で約束されていることは100パーセント成就するのです。100パーセントです。それは歴史がすでに証明していることなのです。

魂が永遠に生きる……それだけでも、「そんな嬉しいことがあるの?」と言いたくなりますが、実は、聖書には、最後の「黙示録」で、神様が私たち人類にとんでもなく幸せな世界をご用意してくださっていることが預言されています。

それが、神の治める天にある平安京「エルサレム」が地上に現れ、そこで、永遠の魂を持った者たちが新たな肉体を与えられ、永遠に生きる「新天新地」です。

黙示録が、聖書が預言する人類の最後の終着点、ラブレターの完結なのです。

私の命も、あなたの命も、そしてすでに亡くなった私たちの愛する人たちも、全ての命が向かうところは、そこです。

だから、今のこの地上での命は、想像を超える幸せな世界に向かう旅の途中であり、地上という中間地点を通っているのです。

神の愛が完結する「黙示録」は、細かく知れば知るほどエキサイトする感動の世界ですが、わかりやすくお伝えするには、本書ではページが足りません。いつか、また機会があれば、改めて皆さんと、このような書籍や、また教会で分かち合いをさせていただく日が来ることを心から願っています。

もう一度春馬さんに会えたら伝えたかったこと

死後の世界。私たちは死んだらどこへ行くのか。

死んだらそれで終わりなのか。

死後、復活することなんてあるのか。

ここまでのお話が、牧師として三浦春馬さんに知って欲しかったことです。


そして、さらに私はこう伝えたかった。


命は、この地上だけのものではないよ。

イエスを知り、受け入れ、イエスの前でその罪を悔い改めれば、天国へ行くことができるから、共にそのような人生を生きていきましょう。

そうなっても、春馬さんだけが幸せになるのではなく、その姿を見せることで、春馬さんが愛した、すでに亡くなった人たちにも、ちゃんとイエス様が同じことをしてくださるから、何の後ろめたさを感じる必要もなく、思いきり、この人生で幸せになりましょう！

そして、これほどの愛を持って、共に歩いてくださるイエス様がご一緒なので、どんなことがあっても大丈夫ですからね！

これが、伝えたかったことでした、もう一度お会いする機会があれば……。

本書を通して、今だからこそ伝えられる私の牧師人生をかけたメッセージとして、こうして皆さんと分かち合いをさせていただきました。

三浦春馬さんの生前、招待を受け拝見した「罪と罰」で舞台俳優としての彼の姿を目の当たりにしました。そして彼が亡くなられた後、彼の残した映像を見る機会も持ちました。

彼が与えられた命を全うして、俳優としてその表現活動を続けていたならば、どんなに素晴らしかったことでしょう。数え切れないほどの見事な舞台・映画・テレビドラマに出演され、どれほどの人々を魅了したことだろうかと思うと、残念でなりません。

しかし、あんなに早く逝《い》ってしまった彼ですが、その命は大きなものを残してくれました、少なくとも78歳になる牧師の私の人生には。とてもとても大きな何かが与えられました。

この地上で彼と会ったことの意味を、私はこれから何度も何度もかみしめて生きていくでしょう。

十字架の下で教え教わったこと……。それを遺さなければならないという思いに捉えられて、思わずペンをとらずにいられず書き進めたこの本。

三浦春馬さんのことを今も忘れることのできない多くのファンの方たちと共に、彼に贈るレクイエム（鎮魂歌）となることを祈らずにいられません。

最終章

幸せそうな人と幸せな人
本当の幸せを

だからこそ生きよう

三浦春馬さんとの出会いと別れが大きな契機となり、聖書を根拠に、死後私たちのために神が用意してくださっている世界を説いてきました。

しかし、本書を書かせていただいた真の目的は、死んだ後のことを伝えるだけではなく、「だからこそ、生きていくことが素晴らしい」という真理なのです。死んではいけない、死ななくてもよいのだ、という願いを伝えたいのです。

この本を書き進めている間、次々と芸能人の方たちが自ら命を断ちました。どの方も、誰もが羨《うらや》むような成功を収めている有名人で、何不自由なく、それこそ、人も羨むような人生を歩んでいるようにしか見えませんでした。

どこから見ても「幸せそうな」生活。

それだけに、彼らが自死した後は、「え、なぜ？」「まさか、どうして？」「信じられない」という動揺が、日本中、いや海外にも広がりました。これほど短期間に、多くの芸能人の、しかもトップを走る人たちが自殺したことは、私の知る限り記憶にありません。

この社会には、幸せそうに見える人がたくさんいます。

大きな家に住んでいたり、お金をたくさん持っていたり、有名だったり、また高い学歴や立派な肩書きを持っている人を見ると「あの人はさぞ幸せだろうな」と感じて、羨ましく思ったりするものです。

あなたも、人から見れば、幸せそうな人かもしれません。

しかし幸せそうな人と、本当に幸せな人との間には、とてつもない違いがあるように思うのです。

本当の幸せとは何なのでしょうか。

どれほど幸せそうに見えても、私たちの人生には、生きていくことを諦めたくなるような、いやむしろ放棄したくなるような思いにさせる、様々な苦難が尽きることはありません。新型コロナウイルスで世界的な混乱が起こっている今、問題を抱えて苦しんでいる人は、どれほどいることでしょうか。

たとえお金があったとしても、病気、不安、恐怖、憎しみ、孤独……、人間の心のうめきは、どれほど努力してもなくなるものではありません。

不安と恐怖に陥り、闇の世界に引きずり込まれる。その結果、お金、学歴、肩書き、所有物といった、人間の作り出したものを手にすることで安心させられる。これこそ、この地上の悪の主体「サタン」の策略なのです。人間をこよなく愛する神から引き離し、聖書に記された神の人類救済計画マスタープランを阻止しようとするやり方です。

たとえば、あなたをこよなく愛している人と結婚しているとしましょう。しかし

「その人といると、お金に困るぞ。こっちに来た方が、もっと確かに、不安なく生きていけるぞ」と誘惑するのがサタンです。そして遂には、愛という一番確かなものを与えてくれる人を捨てて、他の人のところへ行ってしまうようなものです。アダムを神から引き離したサタンの行為は、今も変わらず私たちに向けられているのです。

本当に幸せになれるのはどちらなのか、本当はどっちにいたいのか、私たちの魂は知っているはずです。なぜなら、魂は愛の中でしか生きることができないからです。

不安や恐怖ではなく愛を見る

この宇宙の法則に、作用・反作用があります。
下がれば上がるし、引けば押される。
光があれば、闇もあります。

私たちの魂の世界にも同じことが起こります。

何でもよいので、喜びと感謝の気持ちに満たされるような瞬間をイメージしてみてください。

たとえば。あなたに赤ちゃんが生まれました。その瞬間、あなたは生まれてきた生命に感謝し、大きな喜びに包まれるでしょう。多くの人にとって人生最高の瞬間です。その時、心に光がさしたような明るいものを感じるはずです。そして光の向かうベクトルは外側です。人と触れ合い、語り合い、分かち合いのできるものです。

しかし同じ瞬間に「ああ、この子は、丈夫に育つだろうか」「大学まで入れるお金を稼ぐことができるだろうか」「毎日の子育てに耐えられるだろうか」などと、起こってもいないいまだ先のことをいろいろ考えると、途端に心には不安や恐れの気持ちが湧いてきます。そして、説明のできない、まるで光がない、暗いジメジメした世界に心が持っていかれることを、私たち全員が実感できると思います。

一旦、この暗い状態に入ると、急に私たちの周りには誰もいなくなります。いても、いないのと同じです。心の声が届かないのです。一人の世界で、不安と恐れは外に向かうことなく、孤独の闇の中で思考は停止し、もがき苦しみ始めるのです。

この状態が頻繁に起こるようになると、闇はさらに深くなり、真っ暗闇の中で、私たちは自分の思いを誰とも共有できず、全てを一人で抱え込むようになっていきます。

あらゆる病気の原因は孤独である……。

それほど、孤独とは恐ろしいものです。

人間には、自分の全てを受け入れて理解してくれる、そしてどんな時にもそばにいて守ってくれる、そんな人が一人でもいれば生きていくことができるのではないでしょうか。

あなたの苦しみの重荷を背負い、全てを犠牲にしても、必ずあなたを守ってくれるような存在。確かに、私たちのことを心から愛してくれる人や、何でも親身になって相談できたり、気遣ってくれる人は人生の宝物です。たくさんの苦しみや困難の続く人生で、その存在は本当に心強い助けになることは間違いありません。

しかし、どれほど、親しい友人や、もっと言えば、家族や夫婦、親子でさえも、あなたの全てを完全に理解してくれる人は、残念ながらこの地球には存在しません。

なぜなら、宇宙開闢《かいびゃく》の時から、あなたの人生はあなたしか経験することのないただひとつの人生だからです。

同じような環境で、同じような立場で、同じような仕事をして、同じような生き方をする人はいても、あなたと完全に同じ人生を生きている人は、この宇宙ができた時から、一人もいないのです。

同じような人であっても、同じではありません。同じ人がいない限り、あなたの全てを理解することはできないのです。

幸せそうに見える人、たとえば有名で経済的にも家庭的にも、〝他の人から見れば〟幸せそうに見えるような人でも、本人の悩み、苦しみを理解できる人はいません。ただ一人のお方を除いて。それが、あなたの人生にご計画と目的を持って、あなたの命をこの世に出したお方、つまり創造主である神です。

「すべて疲れた人、重荷を負っている人はわたしのもとに来なさい。わたしがあなたがたを休ませてあげます」。神であるイエス・キリストが公生涯の中で残した言葉が、聖書に以上のように記されています。

苦しみを背負ってくれる人

さて、ここにひとつの逸話があります。

ある人が死んだ後、イエス・キリストに天で会いました。地上を見ると、彼の人生の歩みの足跡が長い海岸の砂浜に残されているのが見えました。そしていつも、そこには足跡が四つあったのです。〝ああイエス様、あなたは聖書で約束してくださった通り、いつも私の横で一緒に歩いてくださっていたのですね〟彼は感動します。しかし、いつも四つだった長い足跡が、突然二つだけになっているところを見つけます。〝イエス様、あの時は、私が人生で一番苦しかった時だったのに、あなたはその時に私を捨てていかれたのですか？〟悲しくなって彼がそう言うと、イエスは答えます。〝あれは、あなたをかついで歩いていた私の足跡だよ〟

私たちといつも共にいてくださるのが、イエス・キリストです。目には見えなくても、必ず存在するのです。

ルターと並んで、宗教改革の祖と言われるカルバンは次のように述べています。

「私たちの内にある底知れぬ惨めさと、かくも酷《ひど》い混乱をご覧になられ、神は深い憐《あわ》れみを注ぎ給う」

聖書は「神は愛である」と説きます。

愛は目に見えません。しかし、愛は目には見えなくとも、一番確かなものであり、私たちの人生のあらゆる瞬間に道を照らす光のように、私たちと共に存在することを、私たちは全員知っています。

この世に、愛を必要としない人は一人もいません。

どれほどのものを所有していても、愛のない孤独な人生に本当の幸せはないのです。

しかし「人間の愛」には、限りがあります。人間そのものが、あらゆる意味で限りのある存在だからです。

聖書は私たち人類に与えられた、「神からのラブレター」だと呼ばれます。そのラブレターは最初から最後まで、イエス・キリストを証ししているものなのです。

間違いのない、動くことのない創造主の言葉を記した聖書。その聖書が言う通り、目には見えませんが、イエス・キリストは間違いなく今も生きて、私たちのそばにいてくれます。その愛が、どれほど広く、大きく、高く、深く、そして限りないものであるか。

私たちの教会だけでなく、世界中に、イエス・キリストと出会い、もう生きて行けない、というギリギリの死の淵から戻った人がたくさんいるのは、その限りのない愛に触れ、魂が生きる力を得たという経験をしたからなのです。

人間を生かすことのできるのは、愛だけなのです。経済的な成功でも、地位でも、名声でも、環境でも、知性でも、力でもなく、愛なのです。

誰にでも、「永遠に明けることはないかもしれない」そう感じる深い闇のような夜があります。絶望の夜です。そして、日が昇ってやってくるのは「孤独の朝」です。

でも、そんな私たちを神は包んでくれる……。

限りもなく、際限もなく、区別せず、枠もなく、24時間、365日、あなたの人生の最後まで、そして、人生の後までも、あなたを包む「完全なる愛」。


その愛がもたらすものは絶対大丈夫！　という「心の平安」です。

自分の全てを「感謝できる喜び」です。

どんな状況でも前に進む「勇気」、生きる力そのものです。

よみがえる歌声の奇跡

神からの平安を受けた素晴らしいエピソードで、いつも私自身が感動を覚えるお話をひとつ分かち合いをさせてください。神と共に、その愛を信頼して生きる人の人生に何が起こるか、彼の人生を通して神様の御業《みわざ》を見ることができます。

韓国人テノール歌手の、ベー・チェチョルさんをご存じでしょうか。

日韓合作で彼の人生を描いた映画「ザ・テノール　真実の物語」が製作され、日本各地でも上映されたのでご覧になった方もいるかもしれません。彼と共に歩く音楽プロデューサーである輪嶋東太郎さんから依頼され、私は２００８年から彼の後援会の会長、つまり応援団長をさせていただいています。釜山国際映画祭で映画が特別上映作品に選ばれた時には、私もスケジュールの合間をぬってその場に駆けつけました。

ベーさんは、アジアの歴史で最高と称された稀《まれ》に見る声と才能を持ち、ヨーロッパの一流オペラハウスで主役として歌って次々と大成功を収めていました。その最中、まもなく世界の頂点に手が届くという時、彼は甲状腺癌《がん》に襲われたのです。

ドイツで癌を摘出する手術を受けた彼は、声帯と横隔膜の神経を切ってしまい、声が全く出なくなっただけでなく、肺の機能を半分失っていました。

手術が終わって麻酔から覚め、声が出なくなったことに気づいた彼にドクターが告げます。「あなたの歌手人生は終わったと思ってください。今からあなたが歌手に戻るのは、片足を失った人がオリンピックに出るのと同じです」

どれほどショックだったでしょう。歌に人生をかけてきた彼が一番大切な声を失ったのです。

失ったのは、声ではなく、人生そのものだったと言ってよいでしょう。

しかし、彼はインタビューでこう述べています。「一瞬頭の中が真っ白になりました。しかし次の瞬間、説明のできない平安が私を包みました。あー、私は生きている。片方だけでも声帯は動くんだ。全てを失ったわけではない、大丈夫……イエス様が私と一緒なのだから」

その後彼には、次から次へと不思議が起こります。声帯機能を回復するために、この手術を世界で初めて開発した京都大学名誉教授であられる一色信彦先生による手術を日本で受けました。世界最高峰の医療チームによる、史上初の挑戦でした。そして、甲状腺癌の手術を受けてから3年後、彼はまさに奇跡の舞台復帰を果たしたのです。

2000人収容の大ホールで、マイクもなく歌うことができるようになるとは、当のドクターも想像だにしなかったそうです。このような状態から〝歌手に戻る〟という例は世界に他にひとつもないと言います。

まるで映画のような話だ、そう思っているうちに、本当に映画になってしまいました。観る人が100パーセント涙を流すと言っていいほど、素晴らしい感動作でした。

ベーさんの回復。そこにはたくさんの奇跡がありました。

世界最高峰の日本人ドクターとの巡り合い。

外国人である彼が日本で手術を受けるために必要だった、経済的支援の広がり。

さらには、動かなかった右側の肺が、現在80パーセント以上その機能を取り戻しているのです。現代医学には治療の方法がないと言われ、「生涯、片方の肺だけでしか呼吸できない」とドクターに告げられていたにもかかわらず……。

どれも、偶然とは言い難い、医学の常識さえ超えた奇跡です。

しかし、最も大きな奇跡、それは、「絶望的な状況の中で彼の心が平安で包まれたこと」だと、私は思うのです。その状況で彼に平安を与えた「神の愛」こそ、その後に彼を待っていた、全ての奇跡の始まりであったのです。

人間には絶望的としか見えない状況。しかしその中で得た心の平安こそ、天から降りてきた命綱でした。彼が絶望の闇に留まることなく、微かな希望の光を見失わず、それを握りしめ昇り続けるエネルギーとしたのです。

愛されるために生きる

今もその奇跡の歌声で私たちに感動を与えてくれるベーさんですが、彼は「もしも神様が〝時を戻して、以前の声にしてあげる〟と言われたら、どうしますか？」という新聞のインタビューに答えています。

「あのことがなかったら、私はどれほど多くの人に愛され、大切にされているかわからず、神様からもらった声を、自分のものだと思って、ひたすらキャリアや成功を求めて今日もステージに立っていたと思います。だから、前の声を取り戻すことは魅力的だけれど、今が一番幸せです」

彼と共に歩いてきた輪嶋さん。元々、「クリスチャンの敵」とまでは言いませんが、かなりのキリスト教アレルギーだったそうです。しかし、彼自身もその数年後、自殺寸前だったと言うほどの人生の苦難にあい、その中でイエス・キリストと出会ったそうです。洗礼を受け、今ではベーさんと共に、私たちの教会でも感謝の祈りと演奏を捧げる人に変わりました。

完全で絶対的である愛であなたを守る神は、あなたの人生の、全ての責任を取ってくださるお方です。

なぜなら、あなたは、その完全なる愛である神様のご計画でこの世に来たからです。あなたを、この時代の、この環境でこの世に誕生させた方だからです。

それを信じることとは、現世の御利益《ごりやく》を願う「宗教」ではありません。自分の命を与えた、創造主の愛を信じることなのです。

私は「偶然」で生まれたのではなく、愛である「神のご計画と目的に基づき、理由があって生まれたのだ」と知ることです。

世界中で、聖書の神を信じる人は何千年も絶えることがありませんでした。キリスト教国から遠く離れ、クリスチャンが壮絶な迫害を受けた日本でさえもそうでした。それは、その神の愛の奇跡を体現する人が絶えなかったからに他なりません。

この世で大切にしてきたもの全てを失っても、家族や友があなたから去っても、イエスだけはいつも、自分と共にいてくれ、決して離れることのない「絶対的な愛」だと、深く深く知ることになった人が後を絶たないからなのです。

ですから、決して自ら死を選んではいけないのです。絶対的な愛を信頼して歩むなら、神様は生きる力を与えてくださいます。

完全なる愛であるイエスは、あなたの心の扉の前でずっと待っています。でも、その扉は、外からは開けられないのです。あなた自身が内側から扉を開け、この絶対的な愛を心に受け入れた途端、あなたの人生には奇跡が起こります。必ず、必ず、起こります、絶対に。

その愛を知り、それに絶対的な信頼を寄せて今日まで生かされた者として、私はそのことを保証します。

今のあなたの心に、問いかけてみて欲しいのです。

今、心が弱くなっていますか？　弱くたってかまいません。弱さを誇ってください。なぜなら神はあなたが弱い時に、その強さを見せてくださると約束されているからです。

困難の中で、倒れそうではないですか？

大丈夫です。神は決してあなたが

「ドアをノックするイエス」

倒れるようなことはなさいません。そして、そこから逃れる道を備えていると、約束されているからです。

一人で苦しんでいますか？
大丈夫です。あなたを責任持って愛してくれる方がいます。

見よ、わたしは世の終りまで、いつも（いつまでも）あなたがたと共にいるのである。

（マタイによる福音書 28章20節）

イエスは言いました。「人はパンだけで生きるのではなく、神の口から出たひとつひとつの言葉によって生きるのだ」と。神の口から出た言葉、それこそが聖書なのです。

聖書に聞けば、生まれてきて、本当に良かった、そう思えます。

生きている喜びの中で、生まれた目的に向かって生きるあなたに変わります。

産んで、育ててくれた両親、そのまた親、ご先祖に「ありがとう」って、叫びたいほどの思いになります。


だから、生きていきましょう。

最後の最後まで。


あなたのそばにいるのは、普通のお方ではありません。

この全宇宙を造られた、創造主である神なのです。

だから、何があっても、絶対大丈夫です。

その方が、いつもあなたを愛しているのですから。


あなたは、その方に愛されるために、生まれてきたのです。

おわりに

ようやく、この本の原稿を書き終える日がきました。
「三浦春馬さん」、原稿を書き始めた頃には、そう呼んでいたのに
いつしか、私にとっては「春馬くん」になっていました。
どこか、息子のような孫のような、そんな感じもします。
あなたに、おじいちゃんと呼ばれるには、私はまだまだ若いつもりですが……。

今晩も、またいつものように、教会の周りを
そしてこの大和の町をブラブラ散歩します。

私の人生を、家族を
そして多くの祈りが捧げられたこの教会の

歩みを支えてくださった近隣の方たちの
健康と平和をお祈りしながら。
東京に比べると、田舎の（住民の方々、失礼！）大和は空気がきれいなのでしょう。
夜空にはたくさんの星が見えるのです。

星を見上げるたびに、『星の王子さま』を思い出しています。
大人になってしまったかつての子どもへ、サン＝テグジュペリが書いた、私の大好きな物語。
そして、春馬くん、あなたと王子さまが、私の心で重なるのです。

地上で絆を結んだ飛行士との別れ際に
小さな王子さまが彼に残した贈り物。
それは純粋で子どものまんまの笑い声でした。

「夜になったら星を見てね。僕の星は小さすぎてどこにあるか教えてあげられないけど、その方がいいんだ。だって、君が夜空を見上げたら、この星のどこかに僕がいて、そこで笑っていると思ったら、全部の星が笑って見えるんだよ。だから、君には笑う星をあげるね。夜空いっぱいに鈴のように笑う星だよ」

（『星の王子さま』より）

あなたが最後に残していった子どものような笑顔。
毎日、散歩しながら、夜空を見て
あなたの笑顔を思い出しています。

奴隷の身から解放され、モーセに率いられてエジプトを出た
200万人のユダヤの民も、荒野《あらの》で星を見上げたことでしょう。
罪の奴隷であった私も、イエス様、あなたに導かれ
現代の荒野の中で、こうして彼らと同じ星を見上げています。

戦争で何もかもが無くなってしまった、私の少年時代。
戦火で東京は黒こげになり、上野の山は孤児で溢れ、
地上の全てが、まるで光を失ったようだった……。
あの光景を思うと、今も涙が頬をつたいます。

あれから日本人はひたすら豊かさを追い求め
世界が驚くほどの発展を遂げたはずであるのに
何か「大切なもの」が消えてしまった……。

変わりゆく時代の中で、今一人こうして歩きながら
心によみがえる見送った人々の姿と共に
私たちが失ったものの大きさに思いを馳せるのです。

あの時には想像すらできなかった日本の、そして世界の発展。

しかし、どれほど人間の世界が変わろうと
日本だけでなく、世界中のありとあらゆる時代の人々の命を
聖書は常に変わることなく照らしてきたのです。
私の人生もその光に導かれて、今日まで来ました。

ただ、ただ、感謝……。
感謝しかありません。

私のような者にも、こうして愛を示してくださった神様
この地上で三浦春馬さんとの出会いをお与えくださり
ありがとうございました。

一度きり、たった1時間半の交流は私の人生を変える宝物になりました。

イエス様、あなたを愛して
そして何よりあなたにこんなに愛され
これほど幸せな人生を、78年も生きてくることができました。

あんまりにも幸せだから、いつ死んでもいいと思っています。
でも、あんまりにも幸せだから、もう少し生きていたいとも思います。

そして、もしも許されるなら
私が死んだ後、天国に行くよりも
よみで待つ私たちの先祖や愛する人に
あなたが福音を宣《の》べ伝える時
どうか、私を手元に置いて
日本人の魂に伝道する道具としてください。

外国語なら難しいけれど、日本語ならお任せください。
よみには、たくさんの日本人があなたを待っています。

私のこの地上での最期の時は、あなたにしかわかりません。
でも生きている以上、最後の最後まで
一人でも多く、あなたのところに導く仕事をさせてください。
それが私の人生で、あなたにできる唯一の恩返しだと信じています……。

この本を書くにあたってお力を、ご協力を、そして何より、祈りをくださったお一人お一人に心からの感謝をもって、ペンをおくことにします。

皆さんの人生に、全てのマイナスを必ずプラスに変えられる主が次々と「不思議としるし」の御業をなさることを信じつつ。

祝福をお祈りいたします。

２０２０年11月

大川従道

装丁：石川直美
カバーイラスト：helgafo/Shutterstock.com
Natalia Kronova/Shutterstock.com
DTP：美創

※本書は『聖書 口語訳版』を基に、一部著者の訳を交え執筆されたものです。

大川従道
（おおかわ・つぐみち）


東京都生まれ。聖学院高等学校、東京聖書学院、青山学院大学文学部神学科卒業。深川教会、サンフランシスコ教会を経て、1970年に座間キリスト教会に就任。92年、大和市に移転し、1000人収容の大礼拝堂を完成。

現在、この大和カルバリーチャペルの主任牧師。就任50年。

著書は『イエス様の消しゴム』『非まじめ牧師の説教集』など多数。

カルバリー聖書学院長、ICA理事長。3つの神学大学院から名誉神学博士号を授与される。

CGNTVのメインスピーカー。

2004年、マルチン・ルーサー・キング賞を授与される。

モットーは〝明るく、元気で、のびのびと！〟。

大和カルバリーチャペル
住所：神奈川県大和市上草柳6-1-15（電話：046-200-1010）
ホームページ：http://www.yamatocalvarychapel.com

永遠と復活

2020年12月10日　第1刷発行

著　者　大川従道
発行人　見城 徹
編集人　福島広司

GENTOSHA

発行所　株式会社 幻冬舎
〒151-0051　東京都渋谷区千駄ヶ谷4-9-7
電話　03(5411)6211(編集)
03(5411)6222(営業)
振替　00120-8-767643
印刷・製本所　中央精版印刷株式会社

検印廃止

Printed in Japan
ISBN978-4-344-03732-8　C0095
幻冬舎ホームページアドレス　https://www.gentosha.co.jp/

この本に関するご意見・ご感想をメールでお寄せいただく場合は、
comment@gentosha.co.jpまで。